国家出版基金项目
NATIONAL PUBLICATION FOUNDATION

社会主义核心价值体系建设
"双百"出版工程

项 目

/ 100 位

新中国成立以来感动中国人物/

李桂林、陆建芬夫妇

陈 果／著

★

吉林文史出版社

前　言

　　每个人的心中都多少有一点英雄情结，都向往英雄、景仰英雄。也正因此，在中华人民共和国建国六十周年之际，由中央十一部委联合组织开展的"100位为新中国成立作出突出贡献的英雄模范人物和100位新中国成立以来感动中国人物"的评选活动中，群众参与投票总数近一亿。这其中的每一张选票，都表达了人们对英雄模范的崇敬之情，寄托着对伟大祖国的美好祝福。

　　一个民族不能没有英雄，否则这个民族就不会强大。当国家危难之时，懦弱者选择了逃避、妥协甚至投降，英雄们却挺身而出，用热血捍卫民族的尊严，人民的幸福。在创立和建设新中国的伟大历程中，涌现出无数可歌可泣的英雄模范人物。他们之中，有为了民族独立和人民解放而英勇牺牲的革命先烈，有为了党和人民的事业而不懈奋斗的优秀共产党员，有在全民族抗战中顽强奋战、为国捐躯的爱国将士，有英勇杀敌的战斗英雄和革命群众，有积极从事进步活动的著名民主爱国人士和国际友人……他们是民族的脊梁、祖国的骄傲，是激励全体人民团结奋斗的精神力量。

　　《100位新中国成立以来感动中国人物》丛书，就像一部星光璀璨的英雄谱，真实、完整地记录了英雄模范人物不平凡的一生，再现了他们非凡的人格魅力和精神世界。舍身堵枪眼的黄继光，拼命也要拿下大油田的王进喜，中国原子弹之父邓稼先，新时期领导干部的楷模孔繁森……一串串闪光的名字，一个个动人的故事，犹如群星闪烁，光耀中华。

　　当今中国正处于伟大变革的时代，迫切需要涌现出一大批勇于承担历史使命、为祖国和人民奉献一切的先进人物。在"双百"人物崇高精神的引领下，在建设社会主义现代化国家的征程中，必将英雄辈出。

生平简介

　　李桂林，男，彝族，四川省汉源县人，中共党员，1967 年出生，凉山彝族自治州甘洛县乌史大桥乡二坪村小学教师；陆建芬，女，彝族，四川省汉源县人，1966 年出生，凉山彝族自治州甘洛县乌史大桥乡二坪村小学教师。

　　1990 年，李桂林、陆建芬夫妇来到甘洛县乌史大桥乡二坪村任教，村民的落后与贫苦深深地震撼了这对彝族夫妇。二坪是凉山北部峡谷绝壁上的彝寨，村民上下绝壁都要攀爬 5 架木制的云梯，进出极为艰难，村民一年难得下绝壁一次。就是在如此艰险的环境下，李桂林、陆建芬夫妇扎根这里 22 年，培养学生近 300 人，把知识的种子播种在彝寨，为村民走出彝寨架起"云梯"。因为教学任务重，他们没有时间照看儿子和老人，儿子不小心摔伤了手，由于离卫生院太远，延误了医治时机，留下了后遗症。李桂林和陆建芬夫妇全身心投入山区教育事业的精神感动了当地广大干部群众。二坪——这个过去的"文盲村、穷山村"，现在成了"文化村"。昔日的荒凉到今天的巨变，是与这两位老师付出的心血分不开的。他们为偏远山区的教育事业撑起了一片蓝天。2007 年，李桂林被授予全国模范教师荣誉称号。2009 年，李桂林、陆建芬被中央电视台评为"感动中国 2008 年度人物"；同年 9 月，被中宣部、中组部评选为"100 位新中国成立以来感动中国人物"。

1967-
1966-
[LIGUILINLUJIANFEN]

◀ 李桂林、陆建芬

目 录 MULU

天梯精神（代序）

　　李桂林、陆建芬夫妇为了让二坪的彝族孩童能学到知识，彝族同胞能摆脱落后，走出雅安汉源，攀越5道天梯，扎根二坪，用自己的青春和血汗为深山的彝寨筑造起知识的暖巢。

　　2009年，陪伴了李桂林、陆建芬夫妻19年的五道木质天梯被钢梯取代，但是天梯原本所代表的那种精神却依然存在，而且被传播到了更远的地方。

　　天梯，在李桂林、陆建芬夫妇和学生们的眼里不仅仅是5道简单用于攀登峭壁的木梯，是他们19年风雨人生的见证，是把内心深处的伤感与欣慰、不舍与期待紧紧连在一起的纽带。

　　每一个伟大的时代都需要一种伟大的精神。深山彝寨的天梯之上，两位辛勤耕耘的教师身影，震撼着世人的心灵，李桂林、陆建芬夫妇身上折射出的那种撼人心魄、催人奋进的天梯精神永远值得我们驻足仰视。

　　电影《天梯》制片人孙柏曾说："当大山隔开了繁华的世界与悬崖上的贫瘠生活，架在悬崖上的天梯就成了彝族山寨联接外面的世界以及美好生活的希望。李桂林、陆建芬夫妇攀上天梯、坚守天梯小学的感人故事，呈现出强大的'天梯精神'，这也是中华民族历经艰难险阻，不折不挠奋勇向前的精神力量……"

诚然，如孙柏所说，"天梯精神"是中华民族历经艰难险阻，不折不挠奋勇向前的精神力量。

"自投罗网"

➔ 偶 遇

★★★★★

1985年9月，18岁的彝族小伙李桂林从汉源县马托初中毕业。那个时候，在汉源农村，中学生比煤油票还要紧缺，而且李桂林写得一手好字，可供他选择的就业机会就更多了。可李桂林却毫不犹豫地选择了回老家汉源县马托乡万里村，原因很简单，村里的小学正好要招一名代课老师。

在李桂林看来，天底下最好的职业也就是老师了。哪怕前边有"代课"两个字，但毕竟是当老师！学校同意他当有"代课"前缀的老师那天，李桂林比娶了媳妇还要高兴，一不小心就把自个儿给灌醉了。

李桂林不论做什么事情，总想做到最好，好到别人都做不到的程度。教书就更是如此了，工资高不高先不管，学生的成绩可不能不高。李桂林每一次备课总是一丝不苟，每一次上课总是聚精会神。他觉得光靠自己琢磨提高来得慢，便想着法子让校长多给自己上课实践的机会。课上完了李桂林也不闲着，他不仅向学校里的资深老教师虚心请教，还认真旁听，从中学习上课的方法技巧。

"代课老师拿的是死工资，教得再好也多拿不到一分钱，这家伙看来是读书读傻了。"这样议论李桂林的多是正式教师，他们怎么也想不明白，一个代课老师哪犯得着在"替补"的角色上认真。他们中的一些人甚至担心，哪天学校不再需要代课老师了，李桂林一定会很不适应。可他们担心的事情很快就变了，期末考试李桂林教的学生成绩排在全学区第一名。

五年时间很快过去了。这个时候，代课老师李桂林已经在汉源县小有名气。

1990 年暑假的一天，原本是一个十分平常的日子，但是这天发生的一件事情改变了李桂林日后的人生轨迹。

这天，李桂林趁着空闲到乡政府办事。那些天李桂林有点闹肚子，所以办完事情后他并没有立刻离开乡政府，而是去厕所解决了一下"私人问题"。当李桂林从厕所出来，好奇的目光不由落在了一对彝族母女身上。令他好奇的并不是母女俩的彝族服饰，因为马托乡居民中彝族不在少数，而且包括他本人在内也是地地道道的彝族。让他奇怪的是，母女俩站在厕所门口已经好一会儿了。当李桂林上厕所的时候，两母女就已经站在厕所门口，现在自己都已经出来了，她们却依然站在这儿。说要上厕所吧，乡政府的厕所大得很，用不着跟谁客气；要说等人吧，也不太像呀。一个硕大的问号，将李桂林的脑袋挤了个满满当当。

"有事吗？"李桂林好奇地用彝语问。

"没，没事。"答话的是十五六岁的小姑娘，脸上泛起羞涩的红云。

李桂林不便多问，便要离开。

"我们是想上厕所。"这时，站在旁边的妇女终于开了口。

简短的交谈给了李桂林极大的震撼：由于不识字，尽管厕所墙壁上写着斗大的"男"、"女"字样，母女俩还是怕走错了地方，准备一直等到有人从里边出来才敢进去。

"你没读过书吗？"李桂林忍不住又问了小姑娘一句。

读书？小姑娘天真地抬起头来，看看李桂林，又看看身边的母亲。

原来，母女俩是从甘洛县乌史大桥乡二坪村来马托乡赶集的。由于二坪山高路险、条件艰苦，村里的学校请不来、更留不住老师，已经停办十年了。十年前，村里的孩子还有过上学的机会，而这些年来，再没有一个孩子读过书。村里的人很少下山，除了路途遥远，另一个主要原因就是没有文化。村民们既不懂汉语，又不会算账，识文认字就更不用说了。

母女俩伤感的诉说和凝重的表情，让李桂林心里像灌了铅一样沉重。改革开放十多年了，竟然还有这样封闭落后的乡村，还有这样目不识丁的乡亲！李桂林不敢相信，更不愿相信。

就在前不久，乌史大桥乡乡政府曾派人找到李桂林，邀他到二坪代课。想到自己班上的几十个学生，李桂林一口回绝了来人。听了母女俩的诉说，他想知道，在甘洛县的版图上，到底有一个怎样的二坪。

走出乡政府，李桂林没有立刻回家，而是径直去了乌史大桥乡。

➔ 约 定

★★★★★

听说有人打听二坪小学的事情，一个皮肤黝黑的男人热情地迎了出来。相互介绍后，李桂林知道这下找对了"庙门"：眼前站着的这个黑大汉叫阿木铁哈，乌史大桥乡党委书记，兼任甘洛县苏雄区教育组组长。

未等双方坐定，李桂林首先发问："你也是彝族，怎么对二坪的事情不闻不问？"

"怎么这样说呢，二坪的事情，乡政府没少操心。"阿木铁哈解释道。

"你们是说的比唱的好听！要不然二坪村的老百姓怎么连厕所都找不到！"李桂林像吃了火药，一点没拿眼前的书记当回事。

话不说不清，理不辩不明。阿木铁哈见李桂林是个急性子，索性安排好手中的事，就着一盅热茶展开了话题。原来，二坪村是甘洛县最边远、最艰苦、最落后、最贫困的彝寨之一。村民进出

"自投罗网"

△ 石头上的小屋和粮仓

二坪必须通过架在悬崖峭壁上的木梯，令人心惊胆寒。多数年份，二坪村十月开始下霜，来年三月还有冰雪。由于不通水、不通电、不通路、不通邮，全村近百户人家，过着与世隔绝的生活。村里的建筑是清一色的茅草房，玉米馍、土豆、酸菜汤是村民们饭碗里年复一年的"老三样"。

二坪村的老一辈都没有读过书，而他们的儿辈、孙辈一天天长大，到了读书的年龄却苦于没有学校。为解决这个问题，县教育局在1977年拨付2000元，修建了包括两间教室、一间厨房、一间寝室在内的土木结构教学用房，总面积 120 平方米。学校竣工后，曾经来过三位正式教师，但都因忍受不了这里的艰苦条件，没待多久就走了。到 1980 年，由于实在找不到老师来二坪村，学校不得不停办。

阿木铁哈虽然讲得平静，李桂林却听得惊心。见李桂林动了感情，阿木铁哈趁热打铁："李老师，你来了就好了，这些娃娃就可以读书了！"

李桂林压根儿没想过自己要上山教书。他已经是上有老下有小的人了，再说他也舍不得班上的几十个学生。情急之下，他连声说道："不行不行，我有我的学生。能教书的人多的是，你随便找一两个不就行了！"

"说得轻巧，抬根灯草！"阿木铁哈也沉不住气了，"山上全部是彝族百姓，一句汉话也不会说，随便找个人去，你以为真有那么简单吗？"

"可我是雅安地区的人，这里是凉山州，让我来这里教书，这是八鞭子也打不到一起的事情！"李桂林态度坚决。

"不管凉山还是雅安，都归中国管。我们都是彝族，我只是希望我们都能为彝族同胞做点事。"阿木铁哈说完，呷了一口茶。

说到彝族同胞，李桂林一下子陷入了沉默。沉思良久后，他说："这样吧，我帮你们找一个老师。"

李桂林以为阿木铁哈听到这话一定会很高兴，没想到他居然眼皮也没抬一下，就像根本没听到李桂林说的话。李桂林知道阿木担心自己找不到人，索性打下"包票"："你就放心吧，如果找不到人，到时候上山的就是我李桂林！"

"大人说话可不能像小娃娃过家家！"

"一言九鼎，驷马难追！"

阿木书记喜出望外，将李桂林的手握得生疼。

李桂林不是那种"说了风吹过的人"。彝族人视诚信为生命，李桂林是彝族中最珍视"生命"的那类人。答应为二坪村找代课老师的时候，他先在心里算了一笔账。村里会彝语的中学生，少说也有一二十人，如果把范围扩大到小学生，那男女老少加起来也有近百人。在近百人范围里找一两个代课老师，李桂林相信，这确实是"抬根灯草"一样轻松的事情。

李桂林后来才知道，这根"灯草"重于泰山。

一连三天，李桂林把村里符合条件的人访了个遍。他先是找识字的彝族，可他们的问题如出一辙："为了彝族娃儿？你怎么不去！你难道不是彝族？"无奈之下，只要识字的他都去找，可人家的问题更加刁钻："要我去那个屙屎不生蛆的地方，你不是要我去当和尚吧？"有两次，别人听说是当老师，就多谈了两句，可一听说每月只有100元代课费，就都找借口溜了。无奈之下，李桂林把视线放到了村外，接着又把双腿挪到了乡外，但还是一无所获。李桂林不甘心，又发动亲戚朋友四处打听，结果还是无一例外地吃了闭门羹。

转眼暑假就要结束了，自己亲口应下的事八字还没一撇，他的心里像猫抓一样。明天就要开学了，李桂林坐在自家院里的核桃树下，心烦意乱地为刚掰回的玉米棒子撕皮。太阳就要落山的时候，一个陌生的身影出现在李桂林的面前。落日的余晖，经由来人的身躯，投下一个长长的暗影。

"李老师，您帮我们找的老师呢？阿木书记专门派我们来接人。"来人叫阿木什打，二坪村党支部书记。

阿木什打的造访，李桂林一点也不意外。在乌史大桥乡，他曾和阿木铁哈击掌相约：新学期开学的时候，乡政府派人来李家接人。

李桂林知道，如今只能自己先去趟二坪了。

➡ 步步惊心

★★★★★

听说李桂林要随阿木什打去二坪，父亲李洪云第一个反对。原因很简单，和其他拒绝李桂林上二坪当代课老师的回答一样，条件艰苦而且工资低，更何况李桂林如果去了就要和妻儿分离。无奈，李桂林只好暂时答应父亲不去二坪。可是，第二天鸡刚叫过两遍，他就和阿木什打偷偷摸摸出了门。

阿木什打带来的几个帮老师拿行李的村民，头天就在乌斯河雪区等候了。当李桂林和阿木什打到达雪区的时候已经快12点了。几个村民看见老师真的来了，有些激动；但看见老师并没有带行李，又有些失落。于是，一行人带着复杂的心情默默上路。

一座狭窄的铁索桥，横亘于大渡河上。桥的这头，是汉源县雪区；走过桥去，就是凉山州的地界。前往二坪的路，将从这座秋千般晃荡的小桥开始。

不宽的桥面上稀稀拉拉铺着一些木板。透过木板的缝隙或是残缺处的漏洞，大渡河一泻千里的险恶伴着雷鸣般的咆哮，让人胆战心惊、头晕目眩。走到桥中央，李桂林感到双腿分明在打颤，一段桥面居然掉了一块木板，供人落脚的只是手腕粗的两根铁索。桥距河面约 10 米距离，李桂林能够想到的就是紧紧闭上眼睛，死死抓住护栏。

"不用怕！你想想看，红军飞夺泸定桥，冒着枪林弹雨都能过去，难道我们还怕这点困难！"阿木什打不断给李桂林打气，又自告奋勇做了示范。经阿木什打这么一说，李桂林突然来了勇气，双手紧紧抓住齐肩高的护栏，脚底贴着摇摇晃晃的铁索，一寸一寸移到了对面。他以为过了这座桥，接下来的路说什么也要好走些。他哪里知道，更大的考验还在后面。

过了铁索桥，弯弯曲曲的山路便不容选择地出现在眼前。开弓没有回头箭，李桂林被一行人前呼后拥着，手脚并用地往前走。随着时间的推移，眼前的路越走越窄，山越爬越陡。忽然，一直走在前边的阿木什打停了下来，冲着李桂林笑道："就在上面了。"

李桂林这才发现，前面已经没了路，有的只是刀削斧砍般的深涧绝壁。绝壁前，搭着一架木梯。由于地势的限制，木梯几乎与绝壁平行，视线从木梯顶端掠过，无遮无拦地就射向了天际。木梯的主骨架，是两根碗口粗的圆木。圆木上每隔二三十厘米，就有一个拳头大小的砍槽，嵌着用作梯步的木棒。木棒是被捆在圆木上的，有的显然短了点，砍槽也没有撑满；有的却长些，比梯子宽出一截。把圆木和木棒捆在一起的，则是山上随处可见的野葡萄藤。

看见眼前的这番景象，李桂林不由倒吸了一口冷气，双脚就像嵌

△ 二坪之路

入了山体一般，想挪也挪不动，想提也提不起。他忽然有些后悔，要是听了父亲的话，要是和老婆商量一下，或者自己不要无事生非地拜会阿木铁哈，今天就不会吃这个苦。不过李桂林知道，除了上山，已经无路可走——"就是在梯子上丢了命，也不能在众人前丢了脸！"

前边两个人开路壮胆，后边两个人压阵看护，李桂林牙关一咬，上了木梯。梯子在沉重的负荷中，随着众人的脚步一颤一颤，发出沉闷的"喳喳"声。李桂林每爬一梯，将一根木棒踩在脚下，都能感受到颤抖的大腿在与木梯呼应，剧烈的心跳在与响声共鸣。

中途，由于充当绑绳的葡萄藤风干老化，一根

"自投罗网"

横木出现倾滑，村民尔古阿木一脚踩空，差点摔了下去。如果尔古阿木掉了下去，李桂林和身后的两个老乡必然葬身万丈悬崖。虽然只是一场虚惊，还是让原本提心吊胆的李桂林更加小心。

好不容易过了天梯，眼前的景象，却让李桂林的心情再次跌入深谷：眼前没有了路，也没有了天梯，有的只是永远也走不出路来、连天梯也无法生根的悬崖。此时，李桂林开始追问阿木什打还有多久才到二坪村。

"不骗你，再过去真的就不远了。"阿木什打嘴里说着，眼睛不敢与李桂林对视。

"过去? 怎么过去!" 李桂林的话语里，有不解，有怨气。

"我们过得去，你当然就过得去。"阿木什打赔着笑脸。

他这一笑，反而让李桂林怒火中烧："要去你们去，我回去了!"

几个壮汉一听，一时不知所措，看看李桂林，又看看阿木什打。

阿木什打愣了一会儿，忽然变了语气："李老师，你总不能说话不算数吧? 是你自己说要来的!"

李桂林睁大眼睛："我是说过上山，但没说是上山教书。"

"可你现在连山都还没上!"阿木什打似乎下了决心，非把李桂林拉上山不行。

"谁叫你一而再再而三骗我的。要说我不仁，也先是你不义!" 李桂林狡辩道。

"可是……可是你看看都什么时间了，你这个时候还回得去吗?" 阿木什打眉头皱在一起。

"那是我的事，用不着你操心!"李桂林的嘴比石头还硬。

大山不知什么时候陷入了沉寂，空旷的大峡谷默默对峙。峡谷北面的一道绝壁下，五个汗流浃背的人席地而坐，相顾无言。

阿木什打将手中的烟头狠狠掐灭，大喊一声："拿绳子来，给他捆上！"

李桂林上山时就看到一位村民肩上一直搭着一圈绳子，却万万没想到他们会来这一手。

"你这里还有没有王法！亏你还是党支部书记！"李桂林想要挣扎，却不敢乱动，又急又气地冲阿木什打嚷嚷。

李桂林终究还是被一干人拦腰捆了个结结实实。后来李桂林才知道，捆住他的，原来是一根"保险绳"，是为了让他平安地爬上悬崖。

经过一番折腾，一行人终于平安攀上悬崖。在落日的余晖里，李桂林远远地看见了二坪村。

➔ 初上二坪

★★★★★

傍晚时分，李桂林在阿木什打和几名村民的"帮助"下，费劲周章地来到了二坪村。此时，村口早已经黑压压的站着一大群人。没有"欢迎欢迎，热烈欢迎"的口号，没有整齐划一、激动人心的掌声，只有一张张或兴奋、或羞怯、或紧张的脸和一双双充满期待、充满真诚、充满热情的眼睛。

当李桂林的目光掠过一张张陌生的面孔，又迟缓地从他们身上扫过时，眼前的画面让他的心中生起一种从未有过的伤感。男女老少上百号人，没有一个穿着完整的衣服。老人们披着破旧的毡子，或是脏得辨不出颜色的羊皮，由于毡子和羊皮太小，几乎衣不蔽体；中年妇女的身上虽说多数能勉强遮羞，但要不就是尼龙口袋改作的褂子，要不就是补丁重补丁、三寸不同色的破衣服；男人们多数只穿着一条裤子，有的裤身已经千疮百孔，有的裤腿长短不一；孩子们大的背小的，不论男女都光着屁股，赤条条的身子被晒得乌黑油亮。而他们几乎已不见肉色的脚，无遮无拦地踩着坚硬的土地。

在众人的簇拥下，李桂林走进村子，当看到一座座在他认为可能是猪舍牛舍其实是村民们遮风蔽雨的家时，他无法控制住自己的情感，不由自主地抹了一把泪。

二坪村方圆约莫1平方千米，全村共99户436人。说是"坪"，也并非坦荡如砥，全村3个组，其实是一字排开的相对平坦的几个缓坡。村民们的家，无一例外地是茅草屋。一个木架，再编上篱笆，盖上一层茅草，一个个碉堡大小的窝棚，就成了一户户人家。山风阵阵，将灰白色的屋顶吹得呼呼作响，听来如泣如诉。不时有茅草被风卷起，在空中仓皇地打着旋儿，似乎要夺路狂奔，却又无路可逃。

见李桂林动了感情，阿木什打叹道："二坪人是吃了没文化的亏啊！"

阿木什打的话，李桂林感同身受。但他没有附和，他只是暗暗告诫自己，言多必失，千万不可节外生枝。

晚饭安排在木呷举打家。跳动的火塘边，一坛香味扑鼻的杆杆酒、几钵烤得金黄的坨坨肉，还有一大盆土豆炖鸡,无不传递着一个强烈的信号:今夜,二坪人是以最高礼节欢迎李桂林——一个他们今天从遥远的山下接来，明天又要送到遥远的山下的匆匆过客。

"李老师,你先来一折折！" 阿木什打发出邀请。

杆杆酒也叫匝酒，是彝族特有的一种别具风味的水酒，一般在欢庆节日时招待客人。这种酒采用玉米、高粱和荞子酿制而成，制作方法是将原料粗磨之后，加水蒸熟，然后倒出，凉于簸箕内，待温度适当后抖以荞壳，并加酒曲搅拌，在簸箕内封闭发酵。三十几个小时后就可放入木桶或坛子之内，将桶口封死放置起来，两三个月后方可开封启用。开封后，用草木灰加水搅拌，再放上一两个小时即可饮用。彝族崇尚饮酒，以喝酒大口大量为荣。"折折"，和"斤"、"两"一样，表示喝酒的数量。"折折"有长有短，通常情况下，"一折折"为两三厘米，正好是酒液从坛口到坛颈的深度。

杆杆酒通常是放数根吸管，众人围着酒坛同时饮用。今天坛子里只放了一根，而且要让他"剪彩"。李桂林再清楚不过了，依照彝族的礼节，这是要表明对客人的尊敬。

"我不会喝酒的,你们喝吧！" 李桂林并不领情。

"自投罗网"

实际上，他在心里寻思，自己半路就想当逃兵，最终也不会留在二坪，这些情况阿木什打心知肚明。他们现在表现得如此热情，会不会是先礼后兵？

李桂林说他不会喝酒，在座的人没有相信的。彝族是"酒的民族"，喝酒，特别是喝杆杆酒，是同喝茶、喝水一样，无人不会的一种生活方式。阿木什打知道他的心思，却并不说破："李老师是路上受惊了吧？其实现在的路确实比原来好走多了，原来天梯那一段，我们全是抓着山上的野葡萄藤上上下下。你想那么高的岩壁，背上还要背点东西，不出事情才怪。到了1983年，乡政府看老乡们日子实在过得可怜，才组织修了这五道梯子。"

"梯子没修之前，好些人一辈子都没出过村呢！"老村长木呷举打抢过话头。

"话又说回来，这路我们走都不容易，李老师头一回上来，就更难了。这样吧，李老师你喝了这一折折，就当是压压惊吧。"阿木什打接着说道。

"受惊说不上，受骗倒是真的。"李桂林想为自己不喝酒找理由，也为明天心安理得地下山找借口。

"阿木书记是怕你一个人回不去，你不要好心当了驴肝肺！"一直吸着旱烟的村民什打阿麻忽地站起来，对着李桂林怒目圆睁。

"你坐下！"阿木什打对着什打阿麻大声喊过，又悠悠地说："二坪缺老师，这不假。全村四百多人，没有几个会说汉话，更没有几个人会写字，有的人活了一辈子，还数不清百以上的数，这些都是事实。刚才木呷举打说好多村民是因为路途遥远没出过村，这话没完全说对，他们不敢出村，还有一个原因就是不知道出去以后怎么和别人交流。

你想，这样的地方，会不穷吗？会不落后吗？乡亲们再努力再勤快又能有什么用呢？"

过了不知多久，阿木什打重新打开话匣："70年代初，村里来过三个老师，这你是知道的。因为条件苦，待遇低，他们没有一个人安心教书。学校先后办了几年，却没有一个娃娃小学毕业。即使这样，他们也待不下去，一个个调下山了。人往高处走，二坪留不住人，我没话说。但他们有的人临走之前，居然说什么'宁愿到处讨饭，也不愿在二坪教书'。这叫什么话，这还像是老师说的话吗？当时老书记就说，二坪缺教书先生，但不缺不安心的人。强扭的瓜不甜，我们二坪人再没见过世面，这点道理也还是懂的。"

"明天一早，今天接李老师上山的人，明天把李老师送下山去。"阿木什打冲屋里的人说完，又看着李桂林说："李老师，就凭你能来这么一趟，我们二坪人也要感谢你。早点休息吧，明天还要赶路。"

李桂林想要说点什么，可还没想好该怎么说，他们就默不做声地出了门。

看来今晚是要住在木呷举打家了。可睡在哪里呢？刚进屋的时候，李桂林趁着微弱的火光，将屋子打量过几遍。屋里除了一个木柜和墙角的几个酒坛，能够看清的，就只有围在火塘边的几截被坐得发亮的圆木了。总不会烤一晚上的火吧？

似乎是看穿了李桂林的心事，木呷举打走到木柜边，向客人招呼："李老师，你住这里。"

李桂林循声走去。

木呷举打打开柜子，抱出几件东西来，又将柜子关上，在柜面上打理起刚才抱出的东西。

一张羊皮垫底，铺上一床露着棉花的红被子，再放上一个黑得发亮的荞壳枕头。忙完这些，木呷举打冲李桂林做了一个"请"的手势。

"你们睡哪儿呢？"李桂林连忙问。

李桂林的话其实有些多余。木呷举打忙活时，他的老婆孩子已经从不知什么地方拉出两张竹席铺在地上。而就在李桂林问话的时候，他们已经就着几张破羊皮和牛毛毡席地而睡。

木呷举打看看睡在地上的老婆孩子，又看看李桂林，尴尬地笑笑："我们平常都睡地上。你肯定不习惯，只有凑合了。"

一张特殊的"床"，一个特殊的"寝室"，一个特殊的夜晚。李桂林知道，这一切，不容推让，不容选择。入乡随俗，李桂林只好硬着头皮和衣而睡。

劳累了一天，要在平时，可能不等脑袋挨着枕头就会将呼噜打得雷鸣一般。那一夜，他却辗转难眠。

"李老师还没睡着？"见李桂林翻来覆去，木呷举打问。

李桂林"嗯"了一声，没有说话。

"是床太硬了吧？"听得出来，木呷举打有些不安："没有办法。你垫的羊皮是阿木书记家的，被子是所拉阿麻家的。这些都是村里最好的东西了。不怕你笑话，好多人家连一床被子也没有。"

木呷举打短短几句话，令李桂林百感交集。辗转反侧的他不清楚，让泪花在眼眶里涌动的，究竟是同情，是感激，还是对未来生活的恐惧。

夫妻学校

⊙→ 毁约，是为了践约

★★★★★

　　清晨，阳光普照下的二坪，俨然一个童话世界。一座座茅草屋，就像一座座神秘的城堡，而那些活跃在枝头的喜鹊、松鼠、百灵和叫不出名字的小生命，似乎才是这座寨子当仁不让的主人。村子里早起的人少，顽皮的生灵们便抓紧属于它们的时间尽情喧闹。

　　此情此景，让李桂林心生感慨：二坪，多么需要这生命的舞蹈和青春的歌声！

　　二坪村，其实是一个石头阵。一个个重达几十吨、上百吨的石头，或短或长，或卧或躺，随意地散布在路中间、茅屋旁，以致你不知道是房屋分布在石头中，还是石头分布在房舍间。置身其间，就像进了一个石头筑就的迷宫。

　　真正让人叹为观止的，是孕育在巨石之上的倔强生命。

　　两棵核桃树，一棵挺拔在石之顶，一棵植

△ 1990年秋，李桂林从这道铁索桥出发，来到二坪村当起了代课教师

根于石之心。眼前的一切是那样不可思议，又是那样不容置疑。

路边，一块从中间裂开的巨石磁铁般吸住了李桂林的视线。这是一块相对规则的石头，石头中间，有一道二三十厘米宽的裂缝。裂缝间，一棵核桃树探出身子，三米多高的躯体，炫耀着它的生命高度。

而在路的另一侧，不远处的地方，一棵高矮相

当的核桃树正以直刺苍穹之势，在一块巨石顶部迎风起舞！

只有容纳一粒种子的宽度，却可以让巨石让路，让生命起舞，这是一种多么强大的力量！

只有容纳一粒种子的厚度，就可以破土而出，可以长成参天大树，这是一种多么坚定的信仰！

生命竟可以如此顽强，如此执著，如此石破天惊，如此顶天立地！

眼前两棵充满生命张力的核桃树，让李桂林有一种醍醐灌顶般的顿悟。这种顿悟后来又嬗变成一种感怀，久久激荡在他的心间。

无限感慨间，阿木什打大步流星走过来，高声呼喊："李老师，吃饭了！"

"肚子倒还不饿。要不先去学校看看？"待阿木什打走到面前，李桂林说。

"学校？"阿木什打以为耳朵出了问题，不由问道。

"对。"李桂林眼神坚定。

阿木什打欲言又止，迟疑片刻，便在前边带路。

学校就在离村口不远的地方，地处整个寨子的核心位置。

说是学校，其实只是一片残垣断壁。几间低矮的土坯房，屋顶早已被光阴啃噬得残缺不全，斑驳的墙面，则像是一张施过粉黛的老妇人的脸，凋败的妆容，难掩沟壑丛生的沧桑。墙脚处，新旧土堆、大小洞孔，无不在告诉人们，这处教书育人的殿堂，早已成了老鼠的天堂。杂草丛生、瓦砾遍地貌似操场的空地，则在无声之间，倾诉着一言难尽的孤寂。

李桂林的视线从屋顶移到地面，又从地面移到屋顶。沉思良久后，他又轻轻挪动脚步，从操场上移到屋檐下，从房屋的这头移到房屋的另一头。几间低矮的土坯房屋顶早已残缺不全，墙面也早已斑驳；空旷的操场也已经是杂草丛生、瓦砾遍地。

"十年前，学校停办了，这里也就慢慢荒废了。"见李桂林的视线定格在了学校靠山一侧的一堆乱石上，阿木什打说话了，"这些年，除了放牛的娃娃，很少有人来了。有一次，下了两天的大雨，一场泥石流把学校的挡墙也冲垮了一段。真要哪天山洪暴发，学校恐怕也就保不住了。"

说到这里，阿木什打叹了口气："真要冲垮了反而好点，眼不见心不烦哪！"

"冲了，冲了拿什么地方给娃娃教书？"李桂林不禁问道。

"有犁耙没有牛拉，拿犁耙有屁用！"阿木什打一听这话，有些激动。

"那假如有牛呢？"李桂林不紧不慢地说了一句。

"你？"阿木什打目光一抬。

"是，我！我来这里教书！"李桂林盯着阿木什打，认真地说。

"别逗了，李老师，你脑子里想什么，我心中有数。"虽然李桂林表情严肃，阿木什打还是对他一百八十度的大转弯丝毫没有心理准备。

"你看我像是开玩笑吗？"李桂林盯着阿木什打的眼睛，"阿木书记，请你记住了，从今天开始，我李桂林就是二坪村的人！"

吃完早饭，李桂林执意一个人下山回家。临走，他冲阿木什打甩下一句话："三天后，如果你在二坪村没看见李桂林，那只有一个可能，就是这个世界上已经没有李桂林。"

李桂林回到家中，和家人讲起去二坪村的事。吃晚饭时，李桂林拿酒碗在父亲碗上碰了一下："我来收拾一下，过两天要走。"

"去哪里？！"李洪云深感意外。母亲常联珍这时也从厨房里走了过来，陆建芬紧跟在她身后，怀里抱着1岁大的儿子李威。

"二坪。"李桂林淡淡地说。

"娃儿，你不是喝多了吧？"母亲担心地望着李桂林，又冲着李洪云喊："你们别吃酒了，吃多了打胡乱说。"

"已经都说好了。我过两天就去。"李桂林放下筷子，正色说道。

"可是，你吃得下那个苦吗？你既然去了，就不是三天两天的事。"母亲紧张地拿衣角揩着手。

"你少给老子吹牛。没吃过猪肉，老子还没见过猪跑啊。不要说三年，你在那里干上三个星期，老子都说你是好汉。"李洪云说完，一口把碗里的酒喝完，进里屋去了。

"要去就去吧。实在待不住了，你就回来。"见李桂林一个人愣在那里，陆建芬打来洗脸水，放在门口，"看你脏的，跟野人一样。洗洗先睡吧。"

听了妻子的话，李桂林两手捧起酒碗，放在唇边。过了许久，才仰起脖子，一饮而尽。

没有什么要准备的，除了万里村小的辞职手续。而这一纸两天前还重若千钧的代课协议，李桂林重新进行了掂量。让他举重若轻的力量，缘自一个简单的判断——万里的学生需要的是一所学校，而二坪的娃娃需要的只是一个老师。

李桂林带着父亲的怀疑、母亲的担忧、妻子的牵挂、学生的不舍和同事的祝福上路了。李桂林清楚，他的脚下，崎岖坎坷荆棘丛生的，不仅仅是一条山路。

⊙ 23天，一所学校

★★★★★

李桂林如约回到了二坪。还没开学，许多难题就接连不断地摆在了他的面前。

首先是教室，几近坍塌而且设施严重不足。学生必需的桌凳，现有的即便是缺胳膊短腿和"高位截肢"的加在一起，也不过 20 来套。要想让这所学校脱胎换骨，困难可想而知。李桂林依然一筹莫展。巧媳妇难为无米之炊，这书，总不能在日晒雨淋中读吧。

李桂林找到阿木什打，希望村上提供教室。

阿木什打一听，苦笑着说："李老师，您看看二坪村，哪座房子可以做教室？"

李桂林环视全村，全是碉堡般的茅草屋，的确没有一间足够大的房屋可以作为教室。

"没有教室，这书教不成，也不能怪我。"李桂林在心里嘀咕，"这是老天无情，不是我李桂林不义"。

李桂林正这么想着，阿木什打忽然转过身子，一脸认真地望着他："办法倒是有一个，关键看你是不是诚心留在二坪。"

李桂林的脸红一阵白一阵："不诚心？不诚心我干吗还来这里？"

"那就好办！"阿木什打眉头舒展，"二坪村要钱没有，要力气有的是。有人，就没有办不成的事。"

"可是等你把教室修好，桌凳配齐，不知道是哪年哪月了。"李桂林直言不讳。

"又不是造卫星，有多大的问题！这样，10月1日，如果没把学校收拾好，我在手心里给你煎鱼吃。"阿木什打认真起来，样子十分可爱。

"看来你自己心里也没底！"李桂林揶揄道。

"乱说，我都几十岁的人了，你以为是三岁娃娃空口说白话啊！"阿木什打意味深长地盯着李桂林。

李桂林脸又红了。过了好一阵，他才做出一副老实巴交的样子说："我的意思是，二坪水沟都没一条，哪里来的鱼？"

从整修学校被提上日程到修缮工作全面启动，只用了半天工夫。第二天一早，筑墙用的墙板和夯锤就被抬到了学校，用作修葺屋顶的茅草和修补桌凳用的木料也被陆续送来。

接下来的几天里，李桂林吃惊地发现，全村男女老少，都在用一种过节的方式，用喜鹊筑巢般的心情，享受着学校修葺的整个过程。村里的壮劳力几乎都出动了，运土的运土，筑墙的筑墙。懂点技术的更没闲着，石匠采石，泥水匠砌挡墙，木匠们则拉着磨得锃亮的铁皮锯，让手中的木料变戏法般变成"胳膊"，变成"腿儿"。就连给家人送饭到工地的老人孩子，也会在等着收拾碗筷的间隙，上前递几块石头，或者抱几捆茅草。每一户人每一个人，那认真、投入和兴奋的样子，都足以让一个不明就里的人以为，他们修的不是学校，而是自己的房屋。

起初，李桂林只是到现场转转，看看，喊喊。几天后，他再也坐不住了。"这个时候不流汗，以后还能好好干？"他在心里诘问自己。

从读书到教书，李桂林干的都是动脑子的事。陡然和石头锤子打起交道，手很快不争气地起了泡。李桂林狠心用竹签一挑，泡就成了茧。

半个月后，李桂林脸上像刷了一层黑油漆，而二坪小学，也以新的面孔矗立在全村老少面前。

学校经过全村老少 23 天的"艰苦奋战"已经焕然一新，可是这刚刚是"万里长征"第一步，李桂林还要面对其他难题。

学校有了，老师有了，学生却还没有一个。村上干部带着村民继续学校的扫尾工作，李桂林则揣着一个小本子，挨家挨户招兵买马。很快，李桂林的本子上，写下了34个娃娃的名字。

有了学生，该去领取上课的书本教材了。李桂林找了两匹马，兴冲冲地到山下的乡中心校领书。到了中心校，校长阿木克都吃了一惊，而李桂林则更是实实在在地吓了一跳。

校长吃惊的是李桂林真的领书来了。阿木铁哈曾经跟他说过，这学期，有一个叫李桂林的汉源人可能要到二坪小学代课。阿木克都当时就以为，要不是阿木铁哈在开玩笑，就是那个姓李的汉源人在开玩笑。二坪小学停课十年了，公办教师都待不住，一个年轻后生，又是汉源地区的人，怎么可能去那里教书？所以，新学期认购教材时，中心校压根就没有想起过这些教材应该包含二坪村。

没有教材，岂不是要读天书？李桂林傻了眼，冲阿木克都喊道："二坪小学也是你管的小学啊，怎么能拿这么大的一个事开玩笑？"

"事已至此，你自己想想办法吧。"校长无奈地说。

"办法？我总不能自己印书吧。"李桂林不知道还有什么办法。

校长奋着头，沉吟半晌，计上心来："有了。你不是在汉源教过书吗？你可以去原来的学生中找找，他们用过的书或许还在。"

马背空空，两手空空，李桂林心里一阵酸痛。勉强挤出一丝笑意，他对同来的村民说："你们先回二坪，没有书，这学开不成。不过，你们回去告诉大家，10月1号，就是天上下刀子也要开学！"

李桂林回到汉源的家中已是凌晨2点。回家的路没有那么远，多余的时间，他用在了找书上。

回家的路，要经过4个村6个组。这些村组中，有一些人念过书。一路走一路问一路解释一路求情，李桂林就想知道，找旧书的办法到底行不行。

结果是让李桂林喜忧参半。喜的是，不管是认识还是不认识，不管是大人还是孩子，只要他讲明来意，有书的都会大方地给他，没有书的，也会主动提供线索，甚至给他带路。而让他感到忧心忡忡的，则是山区人户分散，眼看着近在眼前的一户人家，往往要爬坡上坎，花费不少的时间。如果花了时间就能找到书也倒还好，只是低年级的学生往往不爱护书籍，有的课还没上完书本已经伤痕累累，有的经过一个暑假，早已变卖成了零花钱。一路问询下来，李桂林只找到5本《语文》，6本《数学》，而且其中的4本已经破旧不堪，有2本甚至已经没了封面。

　　回到家中休息了一晚。第二天天一亮，李桂林又出了门。背上一个背篓，揣上几块烤在火炉边的土豆，李桂林再次踏上了寻书的征程。

　　万里村、贾托村、大堡村、苏古村……一天时间，李桂林把邻近的几个村寨走了一遍。回家数数，还有一半的缺口。

　　横下心，李桂林又把目光锁定在了马托乡。那里远是远点，毕竟也有远的好处——收荒匠去得少，找到书的机会要多些。

　　又是两天过去了。李桂林在心里算了算，人手一册应该够了，这才背着背篓哼着小曲往回赶。

　　10月1日，二坪小学开学的日子。

　　李桂林在讲台上一站，就算全校的教职员工都

△ 孩子们在课后自觉坚持学习

来了。他是校长，也是班主任，还是语文、数学、音乐、图画等 6 个科目的科任老师。

教室里坐着的，是 34 个大大小小高高矮矮的学生。花名册上写得很清楚：木牛劳以，14 岁；阿木支提，9 岁。他们分别是班上最大和最小的学生。

没有典礼，没有仪式，甚至没有招呼前来看热闹的老乡，李桂林选择了直接开课。他知道，二坪需要的，是知识，不是形式。

"上课，起立！"李桂林发出口令。

台下，孩子们除了面面相觑，没有其他任何反应。

窗外，则是几个家长羞怯的笑声。

李桂林忽然想起，这是一个纯粹的彝族村寨，村里的孩子，听不懂一句汉语。

教室里仍是悄无声息，窗外的笑声也不知什么时候被沉默代替。一双双充满期待和困惑的眼睛，聚焦在李桂林身上。

就是在无声之间，李桂林隐约听到心底传来一声喝彩："李桂林，好样的！你举起的是一根教鞭，也是这个村子和这些娃娃的明天！"

李桂林一度黯淡的眼眸，渐渐变得通透，变得明亮。暖意陡生，爱意流淌，在默默对视之间，将数十双清澈的眼睛瞬间点亮。

"大歇打——"

"大歇打——"

"起——立——"

"起——立——"

高山之巅，白云深处，在一个以国家名义为之庆贺的节日里，在一首以"起立"为序曲的旋律中，一所崛起于既倒的学校，一所只有1名老师1个班的"双语学校"，迎来了一个站在秋天门槛上的明媚春天。

→ 夫唱妇随

★★★★★

1990 年秋天，二坪小学如期开学了。"a、o、e、i、u、ü……"听着那乐曲一般的吟唱，回想当初重修学校的二十多个日日夜夜，李桂林有一种想哭的冲动。但是接踵而至的困难和考验，却没有给他太多抒发感情的时间。

班级里勒乃尔布、嘎日阿木等几个孩子对读书提不起兴趣，三天两头请假旷课。阿木史哈学习积极性很高，却因为家里没人放牛，被父亲从教室里揪到了牛背上。

此外，二坪村的条件也给李桂林的食宿和工作带来了问题。寄宿在老乡家里的李桂林不会做饭，常常吃了上顿没下顿。深夜睡在床上，常常被"咕咕"的肚子叫醒。每当这时，父母妻儿的身影总会在眼前浮现，让人心里像被揪着扯着那样疼。二坪不通电，备课和批改作业，只能在煤油灯下进行。然而，在二坪，煤油也是稀缺资源，如果一段时间没有人下山，只能由点燃的竹棍完成油灯的使命。这一切，李桂林都熬过去了。直到第二年秋天，一个与一年前几乎相同的命题摆在面前，他才真真切切地感受到了什么是举步维艰。

二坪小学停学十年，村里积压了许多适龄儿童，学校必须增设一个教学班。乡里把找新老师的任务交给了李桂林。给二坪小学找个老师有多难，李桂林比谁都清楚。他觉得乡上把这个难题交给他不太公平，可话到了嘴边，却怎么也说不出口。因为他知道，如果没有新的老师到来，积压的孩子就没有机会走进学校，那对他们来讲，才是最大的不公平。

上哪里去找新老师呢？李桂林首先想起了两个初中时的同班同学。一个是汉源县红花乡的师范毕业生辛某，另一个是初中辍学后在家务农的汉源县顺河乡邱某。由于同是彝族，一起念书时，李桂林和他们交情不错。他想，如果能请他们中的一个出山，于公可以解燃眉之急，于私则可以解寂寞之苦，岂不是公私兼顾、两全其美。趁着暑假，李桂林以走访学友为名，当起了说客。

久别重逢，相见恨晚。然而，谈起去二坪教书的事，两个昔日的同窗好友，却不得不放下脸面。

"我这里也是教书，那里也是教书，总不能放着汉源的学生不教去教甘洛的吧。"邱某为难地说。

"桂林，恕我直言。那个屙屎不生蛆的地方，你让我去一天两天可以，如果长期干，就算我答应家里也不会同意。你总不希望我好好的一家人被拆散吧！"辛某闻言，头摇个不停。

吃了闭门羹，李桂林并不死心。一个大胆的想法，在他回家的路上电石火光般闪现——"建芬，就是建芬了！"

李桂林回到家中，和妻子用起了"心机"。晚上，李桂林吹起了枕边风，"秋天的二坪，是一年中最安逸的时候。建芬，你想不想去看看？"他想，只要把妻子请上山，"生米煮成了熟饭"，事情也就水到渠成了。

　　"你肚子里那点花花肠子我还不知道啊。有什么事，直说吧。"陆建芬并不上当。

　　李桂林没想到精心编织的谎言一下就露了破绽，只得如实道来："老婆大人明鉴，我想请你上山，接管一个班的新生。"

　　"不去。"李桂林话音刚落，陆建芬就干脆地表了态。

　　陆建芬的表态，并没有让李桂林死心。一年前李桂林到处找书时，陆建芬曾苦口婆心地劝他"回头是岸"。可李桂林任着性子去找书，妻子并没有阻拦过他。相反，当他把那些破旧不堪的书本背回家后，也是妻子一个人一本本整理，一捆捆码齐。想到这里，李桂林有了主意。

　　"去年我找回的书，都没有请你，你就整理得巴巴适适 。看来，我们两口子硬是穿的'连裆裤'。"李桂林使起了迂回战术。

　　"少给我嬉皮笑脸的。我去了，威儿怎么办？我总不能扔下他不管吧？"

　　"我们把威儿一起接上山不就行了？以后，他还可以做我们的学生呢。我们的儿子当我们的学生，成绩不好得呱呱叫才怪！"

　　"嫁鸡随鸡，嫁狗随狗。谁让我是这样一个命。"陆建芬知道磨不过他，没好气地说。

　　妻子答应上二坪教书，李桂林十分高兴。当他把这个决定告诉父亲的时候，却遭到了比一年前自己上二坪更强烈的反对。"看你，一年时间，又黑又瘦，简直就是一只猴子。你变猴子了不要紧，难道你要把建芬也变成猴子？你不能让她享福也就算了，还想让人家跟着受苦，你不要得寸进尺!"李洪云情绪变得激动起来,"再说,威儿才 2 岁,你忍心带他上山吗?"

"我又没说要带李威上山。"李桂林辩道。他的心里,一阵虚惊:给父亲报告的时候,他的建议名单里只有陆建芬,没有李威。果然,父亲对陆建芬的事并不支持,而对李威的事情就更加敏感。

"威儿才 2 岁,你放得下他,他放得下他妈吗?娃儿不离娘,这样的道理还要老子教你吗?"父亲显然动怒了。

话已至此,李桂林只得麻着胆子小声说道:"那我把他也带上山就是了。"

李洪云一听,气得浑身发抖:"你格老子要造反了!你以为这是开玩笑的事啊!万一娃娃在山上有个疾病咋整?山那么高,如果在悬崖木梯上有点闪失,我叫你李桂林一辈子捂着良心过日子!老子没本事,你上刀山下火海老子管不着,但是,除非太阳从西边出来,否则,你休想把建芬和威儿带走!"

转眼就要开学了,找老师的事情还没有着落。陆建芬见丈夫急得像热锅上的蚂蚁就主动给他出主意——找自己的父亲陆全兴出面,只要他同意,这事就十拿九稳了。

李桂林这才想起,为了忙找老师的事,暑假都快结束了,他还没来过岳父母家。

夫妻俩来到陆建芬娘家之后,李桂林见岳父大人显然有些情绪，心想这个事情还是不说为好。

陆建芬却直截了当："因为没有老师，二坪还有几十个娃娃没上学，我想跟他一起上山教书。"

本来是自己的想法，如今却变成她的主意了，李桂林没想到妻子会来这么一手。看看妻子，却是一脸平静。

陆兴全的脸色却并不好看："你也中邪了？"

"爸！你都教几十年书了，那你不是中邪几十年了？！"在父亲面前，陆建芬一向口无遮拦。穷人的孩子早当家，作为姐弟中的老大，从小听话勤快的她一直是父亲的心头肉。自打懂事以来，在陆建芬的印象里，只要她提出的要求，父亲几乎有求必应。所以，尽管父亲板着面孔，她相信这张脸最终一定能阴转晴。

"我教书，那是在家门口教书。我是正式老师，这是我的事业。你那怎么能和我比？"陆兴全不屑地说。

"还正式老师呢，你的觉悟，连代课老师都不如。"陆建芬撅着嘴说。

陆兴全听了，想说陆建芬几句，又忍住了。过了一会儿，才侧过脸问李桂林："你就不能找找其他人？"

"找过，可找不到。"李桂林话音未落，陆建芬又接过话茬："能教书又会彝语的人，有那么好找吗？爸，那些娃娃和我们一样，全是彝族孩子，彝族人不帮彝家娃，我们心里过得去吗？"

"翅膀硬了，管不住了。你要走哪走哪，就当是泼出去的水了。"陆兴全主动下了台阶。

陆建芬得寸进尺："那不行。光你表态不行，你还得让他爸也表个态！"

陆兴全在家里还是一副苦瓜脸，到了亲家那里，却像变了个人。

"建芬是我女儿，我比你们还心疼。让她去吧。"陆兴全劝李洪云。

"建芬的事，你说了算。但威儿呢，他那么小？"李洪云想想，板着脸问。

"威儿也上山吧。儿不离娘，一家人在一起，大人也安心。"陆兴全说，"为了二坪的娃娃，让他们去吧。"

"可为什么非要为了别人的娃娃，苦了我们的娃娃呢？"李洪云想不明白，亲家怎么会站在李桂林一边。

"那些都是彝族娃娃，再说，我们俩可都是党员哪，彝族不帮彝族，党员不帮群众，这说得过去吗？"陆兴全顿了一下又说："没有文化的亏，你还没吃够吗？"

李洪云闻言，低下头去，将口中的烟嘴咂得"叭嗒"作响。李桂林知道，这句话击中了父亲的要害。父亲是个老党员了，年轻时任过组长、大队民兵连长和贫协主席。由于人正派，做事又认真，公社曾积极推荐他当乡武装部长。然而，父亲最终自己打了退堂鼓。他的理由很简单："当干部要懂政策，我大字不识一个的大老粗，总不能不知趣吧？"

知父莫若子。果然，父亲摇摇头："由你们，管不了啦。"

几天后，李桂林再次踏上了通往二坪的山路。他的背上，背着一口枣红色的大木箱子。这口箱子，是结婚时妻子带过来的陪嫁。

陆建芬背着 2 岁大的李威，远远地跟在后面。走到大渡河边，再跨过大渡河，来到天梯下，陆建芬感觉腿已经快拖不动了。太阳很大，晒得脸发红头发晕，汗水沿着鼻梁流成了一条小河，眼泪不由自主地在眼眶里打着转转。她拿手去揩，沾满尘土的手将脸抹得又花又脏。背上的儿子这时也不老实起来，又哭又闹，吓也吓不住，哄也哄不停。

孩子的哭声，就像一根尖利的钢针，刺得夫妇俩心里生疼。李桂林小心将木箱卸在地上，想去抚慰一下儿子，谁知儿子一见他，哭得更厉害了。

"你不认识啊，这是你爹，你亲爹！"陆建芬没好气地说着，泪水"刷"地夺眶而出。

李桂林当没听见，赔着笑脸说："这里很危险，我先把箱子背上去，再来接你们。"

"他都不认你了，你还接我们。你是不听他哭心里不舒服啊！"陆建芬禁不住哭出声来。

陆建芬至今不知道那天是怎样攀上了五道天梯，又如何越过了一道道绝壁。闲暇的时候，当往事涌上心头，她常常感觉自己活在一个虚无的梦里。她有时甚至怀疑自己是不是真的背着儿子走过了那段人生中走过的最长的路程。她唯一清楚的是，从攀上第一道天梯时，她的心里就只有一个念头：我不能掉下去，因为儿子在我背上，他不能掉下去！

到了学校，天已快黑了。经过一天的折腾，肚子早已饿得咕咕叫。

△ 煤油灯下备课

厨房门关着，却没有上锁。一根细铁丝在门扣上缠了几圈，把门板和门框勉强拉在一起。门板和门框间的缝隙，塞得进一个拳头。

推开门，眼前的一幕，与其说让人心酸，倒不如说是令人心寒。厨房里，除了一个灶、一口铁锅和一张摆放碗具的桌子，便再没有别的家什了，哪怕一只一尺长的凳子。灶是泥土垒成的，烤的时间长了，布满密密的裂口。灶顶支锅的石头掉了一块，一口只有一只耳朵的铁锅，斜着放在上面。锅没有盖子，尘土厚厚地将锅面均匀地覆了一层，锅底，则隐隐可见黄褐色的锈斑。靠窗的一方，放着一张文物级的课桌。课桌上，零乱地放着两只土碗和两三个装调料用的罐头瓶。仅有的一双筷子，却分了家一般，一只横在桌沿，一只躺在地上。墙脚处，鼠洞密布。老鼠刨出的泥土，在屋子里堆起一座座小山。触景生情，陆建芬心潮起伏，热泪长淌。就在那一刻，她似乎看到了这一年来丈夫受过的苦，也看到了她接下来要面对的生活。

不知什么时候，李桂林找来撮箕，一声不吭地清运大大小小的土堆。陆建芬也默默找来扫帚，将丈夫清运过的地方打扫干净。等两口子把厨房草草打扫完，累了一天的李威已经在母亲背上睡熟了。饭是没法做，也没心思吃了，学校也没有可以睡的地方，李桂林只得带着老婆孩子去老乡家借宿。看看梦中的孩子，又看看疲惫的妻子，一种强烈的自责感涌上心头。李桂林抓住妻子的手，想要说点什么，千言万语，却被两行热泪代替。

两次放"大炮"
一所新学校

★★★★★

1995年2月，李桂林和陆建芬的小儿子李想出生了。为了不影响学校的课程，李想刚满月，陆建芬就背着他回到了二坪。正当李桂林一家人团聚的时刻，有一个喜讯传来——李桂林当选了乡人大代表。1998年，李桂林再次当选乡人大代表，而且是以他所在选区的最高票当选。

在两次乡人代会议上，李桂林的发言简单而唯一——呼吁政府加强对教育的重视和投入，改造危旧小学，扫除青壮年文盲。此外，李桂林还强调二坪小学简陋的校舍存在的安全隐患，担心学生们的安全。

1998年的乡人大会议上，李桂林再次放起了"大炮"。当李桂林发言结束后，新上任的党委书记尔布克哈主动走近李桂林，握住他的手，语气坚定地说："李老师，你是一个真正的人大代表。"

李桂林看着尔布克哈，没有说话。他不知道，尔布克哈葫芦里卖的什么药。

"人大代表，就是要敢说真话。不然，就是挂羊头卖狗肉。"尔布克哈接着说，"你算过没有，重修二坪小学，要多少钱？"

"一万多吧。"李桂林脱口而出。李桂林算过，光修教室和寝室，一万多块钱勉强够了。操场硬化和修筑围墙要花多少，李桂林没有算。"饭得一口一口地吃。别说乡上，县上财力都相当有限，一口吃个大胖子，不厚道，也不现实。"他这样想。

尔布克哈认真听着，皱眉想着。过了一阵，他咬咬牙说："明年，我们不撒胡椒面了。集中力量办大事，全乡农村教育费附加，全部用于改造二坪小学！"

第二年10月，尔布克哈兑现诺言，将10800元送到二坪。一场"惊天动地"的战役，随即在二坪打响。

扩建学校，有几十吨上百吨的巨石需要爆破。而真正"惊天动地"的，绝不仅是炸药引爆后的闷响和巨石开裂后的轰鸣。乱石嶙峋的二坪村，压根不产沙子。工程需要100余吨沙子，而最近的沙源，在三坪背后的山脚。三坪与天幕几乎也就一尺之遥，到得三坪的人，常常会生起"不敢高声语，恐惊天上人"的敬畏。水泥和石灰，则要到雪区去背。不管上山取沙还是下山背运石灰水泥，都得面对悬崖峭壁，都要依靠肩挑背磨。

困难面前，村"两委"班子站了出来："李老师，陆老师，你们负责牵头，我们负责动手。你们需要多少人，二坪就有多少人！"

村上的干部挨家动员："庄稼可以不种，学校不能不修。李桂林他们两口子都拿自己当二坪村的人了，千万别让人家小看了我们！"

那段时间，二坪村全民总动员，负重疾行的村民早出晚归，在崎岖的山路上，连成一道弯弯曲曲的风景线。

一杆木秤，见证了一所学校的新生。李桂林和村上的干部商量，为了做到心中有数，也为了体现公平，每一次背下山的沙子和背上山的水泥石灰都要一一过秤。他们同时规定，路险活重，为了确保安全，青壮年单次负荷不得超过50公斤，老年人和18岁以下的年轻人则不能超过35公斤。

除了上课，李桂林的时间都用在了指挥堆料、掌秤记录，每天忙得不可开交。陆建芬则利用早晚时间组织学生们用筛玉米的竹筛帮着筛选细沙。李威也没闲着，带着3岁的李想跟在妈妈身后，力所能及地做些杂事。这样一来，几乎每天都要忙活十四五个小时，一家人常常忙到太阳当头也没吃上饭。很多时候，李桂林来不及吃饭，就把妻子送来的玉米馍馍烤在火边，见缝插针地啃上一口。经过两个月时间，材料终于备足了。李桂林一翻台账，心里便像打翻了五味瓶。让他情绪激动的，是一组沉甸甸的数字：水泥，15吨；石灰，2吨；沙子，107吨！运送这些东西，在通公路的地方，或者通马道的地方，都不值得大惊小怪。而把它们运到二坪，却需要乡亲们冒着生命危险，用肩膀，用双脚，一步一步登上天梯，一寸一寸挪过绝壁，一次一次挑战死神！

材料的运力解决了，修房的匠人却还没有眉目。二坪小学是村里第一座砖瓦房，制砖砌墙，村里没有人会。李桂林下山请师傅，找了几个包工头，都因报酬太低一口回绝。无奈，李桂林找到一个远房亲戚，套近乎，讲道理。禁不住软磨硬缠，远房亲戚发话了："不是我不肯帮你，你们每天才给25元，比就近找个活给的还低。再说大家离家远了，吃饭也不方便，谁愿意去呀？"

"你给大家讲清楚，这不是去挣钱，是去做好事。吃饭的事情简单，就在我家添几双筷子。"李桂林说完，眼巴巴地盯着对方。

"谁叫我们是亲戚呢。不过说清楚，就这一回。下回再找到我，别说我六亲不认！"

李桂林喜上眉梢，连声答应。

远房亲戚带着几个师傅上了山，村上派出精壮劳力，配合着做些杂活。夫妇俩也没闲着，教书备课之余，李桂林买木料、搞协调，工人们的一日三餐和所有的家务活，则落在了陆建芬头上。

那段时间，学校因为施工无法进行正常教学，上课的地方挪到了村民木乃热布家的院子里。到了12月，天上飘起雪花，李桂林和陆建芬就让孩子们躲在角落里，自己站在风口上，顶风冒雪讲课。雪继续下着，课依旧上着。雪地里的一双双眼睛，在皑皑白雪映照下，显得那样明亮，那样精神。

日子一天天过去，墙头一天天长高。然而，由于山上条件太苦，跟着远房亲戚上山的师傅们，先后溜了号。到学校封顶时，已经只剩远房亲戚和他的一个徒弟了。粉刷墙面，需要有人将石灰碾碎，再加水后过滤成浆液。陆建芬主动补位，找出做豆浆的口袋，一袋一袋过滤。石灰腐蚀性很强，不出一天，她的双手便蜕了一层皮，手指肿得像红萝卜。大家劝她休息，她却调皮地说："老皮褪了，手上全是新肉，这样显得年轻！"

墙面刷完后，夫妇俩再不忍心留远房亲戚，一番款待、千恩万谢后，把他们送下了山。那个时候，黑板还没有做好，窗户的玻璃还没有安装。学校已经放了寒假，李桂林让妻子带着孩子先回老家，自己则留在学校，粉刷黑板，安装玻璃。

教书先生安玻璃，就像泥水匠拿绣花针，拿在手上很轻，到下手时却没了准心。好不容易安装完最后一块玻璃，远处传来了噼噼啪啪的鞭炮声。李桂林猛地意识到，春节到了，那喜庆的鞭炮声，好似慈祥的母亲对漂泊在外的儿子深情的召唤。

青瓦，白墙，一尘不染的玻璃窗。焕然一新的二坪小学成了村里的标志性建筑。

→ 又见国旗升起

★★★★★

2005 年 4 月 17 日，甘洛县县委副书记陈国仕走进了二坪小学。刚一进村，这座青瓦白墙、绿树掩映的建筑令他眼前一亮。听说这是外地人牵头在二坪村修建的学校，顾不上劳顿之苦，陈国仕一行径直走了过去。

握手，寒暄，询问学校的修建过程，了解资金的来龙去脉，这位从中纪委下派挂职的县委领导掏出笔记本，不时记上几笔。

"看样子，你们两口子在这里工作时间不短了。"聊了半个多小时后，陈国仕对眼前的夫妇俩充满敬意。

"15 年。"李桂林轻描淡写地答道。

"四五年，不简单啊！"陈国仕感慨不已。

"陈书记，是 15 年，10 年加 5 年，一十五年。"知道陈国仕听错了，同行者中有人补充。四川话平舌音和翘舌音不分，"四"和"十"的发音十分接近。

看着夫妇俩平静的面容，陈国仕更吃惊了。

"你们还有什么困难，说来听听？"陈国仕问。

陆建芬快言快语："没有什么困难了。"

李桂林却不安地说："要说问题，还是有一点。"

陈国仕"哦"了一声，问："说说看呢？"

"不谈私事，谈公事。"李桂林说，"这个院子只要下上一场雨，院子里泥泞不堪，学生们脚上的泥巴，有一两公分厚。如果能把操场硬化了，我们的学校就进入现代化了。"

李桂林的"现代化"，把陈国仕给逗乐了。

"10吨水泥怎么样？"陈国仕一边说，一边伸出10个手指。

李桂林喜出望外："够了，多的都有！"想想不对，他又加了一句："这下，连院墙都可以修起来了！"

"你们夫妇俩长年累月在这里教书育人，这里也算得名副其实的夫妻学校了。你们的精神，讲给一万个人听，一万个人都会为你们鼓掌喝彩。"陈国仕由衷说道。

同行者中，有一个叫古道伦的人。他是县委宣传部新闻干事，也是《凉山日报》驻县记者。回到甘洛县城，古道伦奋笔疾书，李桂林夫妇十五年如一日默默奉献的感人事迹跃然纸上。很快，一篇《夫妻教师携手深山十五年》的通讯见诸报端。由此，二坪小学第一次走出崇山峻岭，走进人们的视线。

暑假将近的时候，李桂林收到乡政府捎来的信，说县上给的水泥到了，让他组织人力去背。

二坪村又一次"惊天动地"，全民皆兵。学校放假了，夫妇俩和村民们一起，开始硬化操场、修建院墙。即将硬化的操场是村里继教室后的第二块水泥地面，而院墙则是全村第一道水泥砌的围墙。想到这些，村民们兴致很高，每天除了干活的人，还有不少老老少少前来看热闹。

李桂林负责配兑沙子、水泥，并利用早晚的时间保养墙体。这天一大早，他刚刚爬上围墙，就感到一阵头晕。他努力想使身体保持平衡，却在一阵摇晃后，挣扎着从墙上跌下。墙根处，不知什么时候放了一根尖利的木棒。李桂林的右脚正好撞上了木棒顶端，"哧溜"一声，裤子被从裤膝位置一直撕到裤腰。

陆建芬听到响动，惊惶失措地跑上前去。眼前的情景，让她后怕不已：顺着裤子划开的方向，一道鲜红的划痕从膝后一直连到臀部。臀部被活活挖去了一块肉，掉肉的地方，沁出殷红的血液。更可怕的是，木棒的顶部，紧紧抵在李桂林的腰带上，尖利的木棒几乎将腰带戳穿。"如果没有腰带，如果位置稍偏一点……"陆建芬不敢再往下想。

赶在开学前夕，工程如期完成。李桂林想，要是再有一面迎风飘扬的五星红旗，这学校就真的什么也不缺了。他找到妻子商量："你看，我们是不是去买根旗杆？"

"要买就买好点，旗杆是不能马虎的东西。"陆建芬想也不想就说。

十几年来，因为出差办事和维修学校、采购教学用品，李桂林和陆建芬"商量"过不知多少次。如果光是因为学校，李桂林不用凡事都和陆建芬商量，因为他是一校之长。而他之所以每次都以"商量"的形式向陆建芬"请示"，是因为他这个校长，手里没有一分钱的经费，学校有许多必须要办的事情，得动用"私款"才能解决。陆建芬是家长，一家人的油盐柴米都是她在操心。每一次开口前，李桂林都禁不住担心，两口子收入本就不高，哪一天家长被逼急了，会不会弹劾他这个校长。而这一天，始终没有到来。

8月28日，是二坪小学新学年开学的日子。直插云霄的钢质旗杆上，一面鲜艳夺目的五星红旗，迎着灿烂的阳光冉冉升起。李桂林弹着风琴，心潮起伏，陆建芬则和孩子们一起站在操场上，全神贯注地注视国旗，行礼歌唱。

这是一个普通的日子，也是一个难以忘怀的节日。不管是行走在路上，还是耕耘在田间，当国歌响起、国旗升起的时候，二坪村的乡亲们，无一不停下脚步，直起腰来，望着鲜红的国旗，庄严肃立。这面印着五星的红旗，那样陌生，又那样熟悉。还是在"农业学大寨"时，村里人见过国旗。一晃几十年过去了，一根旗杆，勾起了他们沉睡的记忆。

"同学们，记住了，只要五星红旗飘扬的地方，就是中国的领土，就是我们的家！"当国旗升到顶端，李桂林站起身来，朗声说道。

一面红旗，再一次让二坪人记住，这个与世隔绝的地方，是他们的家，也是中华人民共和国的土地。

多面人生

→ "招办主任"

★★★★★

李桂林在二坪小学除了教书，还肩负一个重要任务，那就是招生。在二坪招生并不难，但是也要掌握合适的方法。"钩""诓""锯"，是李桂林自己总结并屡试不爽的招生"三字经"。按照他的理解，"钩"，就是不厌其烦地讲道理，让家长通过认识读书的好处，自觉自愿送孩子上学；"诓"，就是在学生因为种种原因面临辍学时，给学生和家长做工作、讲道理，千方百计把学生留在教室里；"锯"就是要对自己狠一点，砍掉自己家里可以压缩的一切开支，为特困生提供力所能及的帮助。

1990 年秋季开学，李桂林迎来了他在二坪小学的第一批学生。激动之余，一个现象也引起了他的注意：在第一批 34 名学生中，有 32 名是男生。也就是说，在男孩子们坐在教室手捧课本的时候，村里的多数适龄女孩，只能骑在牛背上放牛，或者躺在山坡上放羊。

这不公平！李桂林在心里呐喊。然而，同样在山区长大的他再清楚不过了，除了教室容量有限外，受教育的机会明显不均衡的现实背后，是家长重男轻女的思想。"女不读书，狗不耕田"，在二坪，说这话的，绝不是一家一户。这意味着，要实现李桂林心中的"公平"，扩大招生是基础，而帮助乡亲们走出认识误区，则是最大的难题。

1991年秋季开学，夫妇俩想得最多的是如何帮助老乡们转变观念，让村里的女娃娃越过重男轻女的门槛，带着如花的笑靥走进校园。然而，走了一圈下来，夫妇俩蔫了：让村民们修学校，他们比修自家的房子还积极；但要让他们把女儿送进学校，则比登天还难。

是思想不通，还是方法不对？处处碰壁的夫妇俩陷入了沉思。这天，碰了一鼻子灰的李桂林走在回学校的路上，突然发现一条蛇横躺在路上，口吐信子，目露凶光。李桂林心里发憷，一时进退两难。就在这时，路过的一位村民快步上前，一把抓住蛇身，迅速将其制服。"打蛇打七寸。"李桂林来了灵感：再难的事情，一旦牵住了"牛鼻子"，问题也就迎刃而解。

经过商量，夫妇俩决定把3组的克古木乃家作为突破口。克古木乃夫妇的4个孩子中，有两个是儿子，两个是双胞胎女儿。大儿子已经入学了，小儿子还没有到入学的年龄，而阿嘎加且、敖几姐妹虽然已经9岁了，却只有每天放羊放牛，或者跟着父母下地。克古木乃家的情况，在村里非常典型。他们想，如果能将克古木乃的工作做通，让姐妹俩从牛背上走进教室里，就算牵到了"牛鼻子"。

牵着大儿子，背着小儿子，夫妇俩走进了克古木乃家不大的院子。

见了他们，克古木乃热情招呼："李老师、陆老师来了，快坐快坐！"

趁着夫妇俩落座的工夫，克古木乃拿出一瓶白酒，每人满上一盅。"两位老师是大善人，今天来到我家，一定要好好喝一顿酒。"

　　李桂林那些天身体不舒服，陆建芬也没有早上喝酒的习惯。但是，他们知道，这酒不喝，接下来的话也就等于白说。想到这里，夫妇俩对视一下，接过酒盅。夫妇俩和克古木乃聊起家常，家里喂了几只羊，种的洋芋收成如何。一番烘云托月之后，李桂林说起了娃娃读书的事。

　　"大娃儿读书很卖力，小娃儿到了年龄，还是要送到学校去。"看得出来，克古木乃对两个儿子读书的事很是上心。

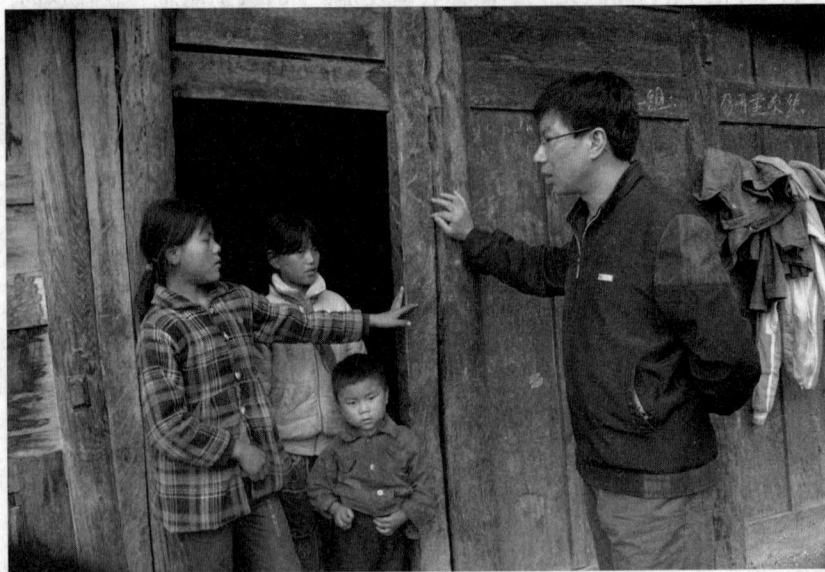

△ 李桂林在进行学生家访

"你的想法很好，就是要让娃娃多读点书，这样他们长大了才能找到出路。"李桂林顺势说道，"我们今天就是来帮你两个女儿办报名手续的。"

　　克古木乃一听，两眼瞪得大大的："李老师，你是在开玩笑吧？"

　　李桂林望着他的眼睛，放慢语速说："你看我像是开玩笑吗？"

　　"狗不耕田，女不读书，莫非这个你都不知道啊。"克古木乃不敢相信他眼前的大秀才连这么简单的道理都不知道。

　　李桂林端起酒盅，与他碰过杯，说："那是旧社会的旧思想。现在这个年代，天不怕地不怕，就怕成了'睁光瞎'。文化就好比脚下的路，文化越多，脚下的路也就越宽……"

　　克古木乃听不下去了，脸色变得严肃起来："李老师，照你这么说，我一个字都不认识，不是早被饿死了？你看看二坪儿百号人，有几个人识字，又有几个人因为没读过书被活活饿死！只要有力气，我还不相信谁没有一碗饭吃！"

　　李桂林抓住破绽，正色问道："既然如此，那你为啥要两个男娃儿读书？是因为担心他们没力气，还是担心他们的力气没有两个女娃儿大？"

　　克古木乃一时无言以对，尴尬地端起酒盅，一饮而尽。长长地叹了口气，他像是喃喃自语，又像是说给夫妇俩听："嫁出去的女，泼出去的水。以后长大了，迟早要嫁人。人都给了别人，文化再多，还不是一样要给别人。"

　　一直没有吭声的陆建芬这时也沉不住气了："这样说就是你的不对了！手掌手背都是肉，你总不希望娃们长大了，男娃子在人面前站得出来，女娃子个个都成'白火石'吧。再说，豆芽子长到天，还是下饭菜。

她们以后长大嫁人了，就不是你的女儿了？"

克古木乃有些不耐烦了，话语也变得生硬起来："你们把文化多给我家男娃儿，就是对的；你们想让两个女子去读书，是万万办不到的事。"

夫妇俩一听，有些上火，正要理论，克古木乃却起身将一个背篓斜挂在肩上，头也不回地说："我下地去了，你们有空再来耍。"话音未落，人已走出院子，转眼间消失了。

夫妇俩本想去"拔钉子"，不想反被"钉子"扎了。走在回去的路上，两个人都难过得说不出话。

他们万万没有想到的是，不久之后事情会突然变得柳暗花明。

这天早上，正在做饭的陆建芬透过窗户看见克古木乃带着妻子在学校旁边的路上来来回回走了几遍，一副心事重重的样子。李桂林听说后，犯起了嘀咕："这两口子莫非是昨晚睡在磨子上，被冲转了？"

陆建芬走到门口，大声问道："你们两口子这么早啊，进来坐吧！"

夫妇俩应了一声，却是你推我、我推你，磨蹭了半天不肯过来。陆建芬见状，知道他们一定有什么事情，便主动走上前去。

见陆建芬走了过来，克古木乃借口有事，先走开了。两个女人便站在路上聊了起来。过了一阵，陆建芬独自折回身，找出笔和纸，煞有介事地写起了什么。

李桂林见状，便向妻子询问起详情来。原来，克古木乃的老婆近期患了妇科病，实在不能再拖了，就去山下找医生诊治。看病讲的是望闻问切，而医生不懂彝语，她又一个汉字也不会说，医生只有胡乱开了些药。药用完了，病情却不仅没有减轻，反而更严重了。她找陆建芬，是要将病情写在纸上，以便再下山找医生时，能够把病情说得清楚。

李桂林一听，计上心来：阿嘎加且和敖儿的母亲对没文化有切肤之痛，这个时候做她的工作，姐妹俩读书的事一定有戏。想到这里，他和陆建芬如此这般地耳语了一番。

一边把写好的纸条递过去，陆建芬一边同病相怜地说："看你，都病成这个样子了，得马上下山去找医生。"

孩子的母亲接过纸条，说了几句感激的话后，就要转身离去。陆建芬一把拉住她的手，满脸真诚地说："让她们姐妹俩来读书吧。她们都是从你身上落下来的肉，你难道就忍心看着她们以后再吃这样的亏吗？"一阵沉默后，孩子的母亲看着陆建芬，点了点头。

随着阿嘎加且姐妹背上书包走进学校，夫妇俩的"牛鼻子"战术迅速见到了成效。当年，学校新招19名学生，女生占到了7名。经过夫妇俩的努力，到1995年，二坪小学的学生已经基本实现了男女平衡。

家境贫穷是隔在学校和学生之间的又一道门槛。

有一个叫阿木以哈的孩子，聪明伶俐，长得也很可爱。还在三四岁的时候，阿木以哈就经常跑到学校，躲在窗户边偷看老师上课。到了入学的年龄，却因为家里贫穷，又担心调皮捣蛋的他在学校惹祸，父母本不想让他上学。李桂林夫妇三番五次地登门做工作，并向家长承诺，如果阿木以哈在学校惹了事，责任由他们承担。好不容易打消了家长的顾虑，阿木以哈才得以如愿入学。

可是到了第二学期期末考试前夕，阿木以哈却莫名其妙地玩起了失踪。连续两天没有见到阿木以哈，李桂林放心不下，心急火燎地找上门去，却发现他正吃力地提着满满一桶猪食，艰难地迈向猪圈。那天飘着雪雨，在去阿木以哈家的路上，李桂林被寒风吹得连打了几个喷嚏。阿木以哈却穿着一条破旧的裤子，冻得通红的半边屁股露在外面。而他穿在脚上的两只胶鞋鞋尖也都被磨穿了，铜钱大的洞口，满满地塞着红红的脚趾。

看到眼前的情景，李桂林难受得低下头去。这时阿木以哈也发现了身后的老师，赶紧将他请进屋。屋里光线很暗，眼睛好一会儿才适应过来。屋里照明的是一根插在墙洞里的点燃的箭竹，火苗不大，烟雾却又黑又浓。借着微弱的光线，李桂林发现家里除了几个坛坛罐罐，就只有堆在墙角的约莫一两百斤土豆了。

"家里人呢？"李桂林问。来的路上，李桂林想，找到阿木以哈，一定要对他旷课的行为狠狠批评一顿，可见了眼前的情景，他却对孩子充满爱怜。

"爸爸到地里去了，妈妈在里屋。"阿木以哈小声说。

这时，屋里传出一个虚弱的声音："是李老师来了吧。我知道你要来的，不过你还是回去吧，阿木不读书了。"

李桂林摸着阿木以哈的头，冲着里屋问："为什么呢？阿木很聪明，读书又用功，应该让他继续上学。"

这时，阿木的母亲慢慢腾腾地走了出来，倚着门框，无精打采地说："李老师，不瞒你说，我最近生了一场大病，家里连个做饭的人都没有。

△ 学生在上课

再说，家里除了这些土豆，就什么也没有了。既然阿木迟早都不能读书，不如现在就让他回来，也好做做饭，放放羊，喂喂猪。"

眼前的女人面容憔悴，形体屡弱，一阵风都可能将她吹倒在地。李桂林见状，更心酸了。想了想，他诚恳地说："你现在让他喂猪，他只能一辈子喂猪。孩子还小，多读点书，以后说不定就有出息、有出路。"

"可是，读书要钱，而我除了一身病，啥都没有。"阿木以哈的母亲一声叹息。

"书杂费算我的。你只要给他时间就行。"李桂林干脆地说。

第二天，阿木以哈重新坐在空了两天的座位上。

那天放学后，陆建芬拿出剪刀和针线，把自己穿过的一条裤子改小，让阿木以哈穿在了身上。

新学期开学时，阿木以哈又有新的收获：陆老师亲自给他买的一双新胶鞋、两双线袜子。阿木以哈曾经阴云密布的脸上，重新绽放出开心的笑容。

阿木以哈的开心劲儿，很快就成了李桂林夫妇的烦心事。小家伙调皮捣蛋的毛病又犯了，不是扔石块在东家屋顶，就是用火柴烧西家的草堆。家长们担心孩子和他一块学坏了，纷纷找到学校，明确表示：如果阿木以哈继续读书，他们就不让自己的孩子再到学校。没有办法，夫妇俩只能请家长们吃下"定心汤圆"：一定要给阿木以哈"开小灶"，在最快的时间里将他"改造好"。

让李桂林夫妇费心的孩子，远不止阿木以哈一个。

学校有个叫阿木子布的孩子，7个月时母亲因病去世。父亲不堪困苦，入赘到了山下一户人家，阿木子布和姐姐只好和年迈的爷爷奶奶相依为命。李桂林、陆建芬夫妇俩把他们接到学校，既当老师又当家长。因为年纪小，有几次阿木子布还在课堂上就把屎尿拉在了裤裆里。每当这时，陆建芬总是一身不吭地给孩子清洗干净，换上干净衣裤。

村子里有个叫木乃布哈的孩子是左撇子，父母以左撇子写不好字为由，坚决不让他读书。夫妇俩三番五次做工作，都没有效果。陆建芬只有现身说法，以自己也是左撇子的现实打消了家长的顾虑。木乃布哈入学后，陆建芬手把手地教他写字，直到他能写出一手漂亮的铅笔字。

村子里另一个叫木乃布铁的孩子，他的哥哥、姐姐都已经上学去了，但是他的父母要做农活，拉扯他不方便，便想让姐姐辍学回家照管他。

李桂林得知木乃布铁已经5岁了，主动找上门去："让木乃也到学校读书吧，他虽然小了点，我们多费点心就是了。"不久后，木乃布铁成了二坪小学最小的一名学生，一名雨雪天气里由老师背着回家的学生。

→ "全能冠军"

★★★★★

"全能冠军"，这是学生们背地里给两位老师取的"别名"。在孩子们眼里，两位老师上知天文、下通地理，哪怕是村里的毕摩（彝语音译，指专门替人礼赞、祈祷、祭祀的祭司，掌握着彝族的古老文字和书面知识）都不懂的问题，到了他们这里，就成了和一加一等于二一样简单的事情。

"全能冠军"的雅号传到乡亲们耳朵里，"全能"二字，便有了新的含义——两位老师不仅是教书先生，也是泥水匠、理发师，还是医生、向导。

不管男女老少，二坪村的老乡们很少理发，

▷ 李桂林老师正在接送孩子们爬天梯途中

懒散一点的，甚至一二十年头发也没洗过一次。村里的男孩子，常常是将头顶周围的头发全部剃光，剩下馒头大小的一块"天菩萨"。看见孩子们蓬头垢面的样子，陆建芬从山下买来理发工具，利用放学时间给他们逐一打理。刚开始的时候，学生们不换衣服不洗澡，有的学生身上长出虱子也若无其事。陆建芬订下规矩，每周星期一，在学生中开展个人卫生评比。男生们的衣服渐渐变得干净了，喜欢打扮的女生们则在她的帮助下第一次用上了橡皮筋、扎上了花蝴蝶。为了培养学生们的卫生意识，陆建芬常常软硬兼施。接连几天，班上的阿木热史都没有洗脸。

陆建芬见了，打来一盆热水，用自己的洗脸帕给他擦洗干净，佯作认真地对他说："以后如果再不洗脸，我就用毛刷给你刷，到时候别怕痛啊。"从那以后，阿木热史再也不邋遢了。

村里没有医生，也没有卫生室，老乡们遇上大病小病，通常是能拖则拖，能忍则忍。陆建芬到二坪不久，就碰上一个学生生病，有气无力地趴在桌上。伸手一摸，孩子的额头烫得吓人。她赶紧找来感冒药和糖开水，帮助孩子吃下。从那以后，陆建芬专门置办了一个小药箱，备足治疗感冒、发烧、拉肚子的常用药品，遇到老乡和学生生病时，按照说明书发送给他们。

每逢雨雪天气，放学后护送孩子回家是李桂林雷打不动的死任务。冬天，滴水成冰，山岩上常常有磨盘大的冰块；雨季，山洪泛滥，通往3组的一道叫"阿普洛朵"的河沟时时危及行人安全。1995年的一天，雨下得很大。放学后，一直等到雨势变小，李桂林才带着3组的几个孩子回家。到了"阿普洛朵"沟时，只见水面宽阔，水流湍急，浑浊的洪水卷着从山上冲下的枯枝败叶奔涌而下，发出震耳欲聋的轰鸣。李桂林轻声安慰过孩子们，便脱下鞋子，抱起一个学生，趟着没过膝部的洪水艰难行进。走到水沟中央时，一不留神，李桂林一个趔趄倒在水里。就在身体倾倒的瞬间，他使尽全身力气，猛地把学生推向岸边。学生被抛到了浅水区，他自己却整个人摔倒在水里，很快被冲到沟口。顺流而下，是一道数百米的深渊，一旦掉下去，要想活命，除非长了翅膀。李桂林死死地抓住一根树杈，用尽吃奶的力气才爬到岸上。

看见李桂林落汤鸡般回到学校，陆建芬吓得半天说不出话。好不容易回过神来，她又是忙着找干净衣服，又是忙着烧开水。屋子外头，却传来李桂林惊慌的声音："完了完了，出大事了！"

△ 背着学生上二坪

陆建芬心头一沉，飞也似的跑出去问："出啥事了？"

李桂林却顾不上搭话，捧着那只戴了6年的手表，万般爱怜地摇头叹气。

"神经病！人都差点没了，还心疼一只表。"陆建芬没好气地说。

"你懂个屁！水把人打湿了不要命，但把表打湿了就要命了。没有这只表，什么时候上课，什么时候下课，什么时候放学，你知道吗？"李桂林没好气地说。

"我看不是表进水了，是你这里进水了！"陆建芬一把抢过手表，拿手在李桂林头上一摁，进屋去了。

李桂林后来发现，脑子"进水"的，其实另有其人。那天晚上，陆建芬早早上了床。整个晚上，她一直用手捂着肚子。李桂林见她不舒服，关切地问长问短。陆建芬不胜其烦，只好如实相告："肚子上温度高，表干得快。"看着她一脸天真的样子，李桂林笑得前仰后合。

夫妇俩对工作的认真和对学生的尽心，二坪人看在眼里，记在心头。一传十，十传百，本乡布衣村、田坪村的孩子和汉源县的一些汉族学生也慕名而来。从1990年到2009年，从村外来二坪求学的学生有32名。学生们带了对老师的信任，也带来了新的麻烦——陡峭的地势和笔直的天梯，威胁着学生们的安全。于是，夫妇俩又多出了一项任务：每周一和周五，接送山下的孩子上天梯、越绝壁。十多年来，夫妇俩背着孩子们上下天梯的次数数也不数不清，却从来没有发生过一次安全事故。

对于"向导"这个角色，李桂林和陆建芬看得很重。在他们看来，把孩子们引领上一条爱国爱家、知书明礼、遵纪守法的人生之路，和带领他们穿越险滩、上下天梯同样重要。除了二坪小学刚刚复课的第一年，从没有学生无故旷课。1990年至1999年上学期，学生只有在土坯房和牛粪糊成的篱笆房上课。教室破旧，没有成为学生们不讲卫生的理由。每次上课前，同学们总是把桌上的书本码得整整齐齐；放学后，值日生总会将地面打扫得干干净净。如果教室里出现了鼠洞，最先发现的学生总会一声不响地找来石块将它堵上。学校新修后，学生们更加爱护自己的新家，教室雪白的墙面上没有留下一个脚印，窗户上的玻璃也从来没有坏过一块。

随着新闻媒体对二坪小学的不断关注，不少热心人士纷纷以各种形式，表达对山区孩子的真情关注。面对一拨拨客人和一批批捐赠物资，孩子们表现出超乎想象的懂事。学校的库房里，铅笔装了满满一箱子。夫妇俩有意考验一下孩子们，便在两间教室的讲桌上，分别放了一个笔筒，明确宣布需要用笔可自己随时去取。时间过去了好几天，两个笔筒里的铅笔并不见有明显减少。细心的他们同时发现，教室垃圾桶里的铅笔头，长度从来没有超出1寸。一次，一批来自香港的电视观众送来一批衣服和一包糖块。下课时间，夫妇俩安排孩子排队领糖。糖要发完的时候，一个叫阿木尔的孩子手里拿着一颗红色的糖块，红着脸走过来对陆建芬说："老师，您刚才多发了一个给我。"眼前的一幕，被香港"乐善行"基金会会长吴光伟看在眼里。老先生激动地竖起大拇指，不无感慨地说："小朋友了不起，你们的老师了不起！"

"水利局长"

★★★★★

价我阿麻是二坪村的一个小地方，在离二坪小学约 1000 米的山下。学校师生和孤寡老人机几子、阿依支且家的饮用水，每天都由李桂林从价我阿麻背上山来。此外，二坪村 2 组的 14 户人家也都在这里背水喝。时间长了，对于价我阿麻，李桂林又爱又恨。爱的是，这是离 2 组最近的水源，饮水思源，日久生情。恨的理由却似乎更充分：坡陡、路滑，又在悬崖边，遇上下雨天，鞋上的黏土有一寸厚；冬季，水塘里结了冰，只有清扫积雪或取回冰块放到热锅里化成水喝。

在二坪村生活时间长了之后，李桂林发现，和 2 组一样，1 组和 3 组喝水也成问题。1 组虽然喝的是山上流下的泉水，却由于村民敞放牲畜，堰槽里满是粪便，舀到锅里的水常常有一股异味。3 组的老乡在阿普洛朵沟里取水，水倒是干净，却有"僧多粥少"的问题。为了抢到水，一些老乡往往是先睡上一觉，听到鸡叫后，起床背水，然后再将没有睡足的瞌睡补够。什么时候，村民们能喝上自来水啊？！几乎每一次，在下山取水的路上，李桂林都在憧憬着有朝一日，二坪的老百姓不再"闻鸡取水"。为此，李桂林没少费心。但是，二坪的地理环境，除了山还是山，要想找稳定的水源，几乎是不可能的事情。除了水源，资金也是大问题。二坪土地贫瘠，村民们种在地里的庄稼，全得靠天吃饭。曾经有一年，天上久旱不雨，地里的玉米被活活干死，一亩地只有几十斤的收成，村民们吃的粮食基本靠政府救济。在一个看天吃饭的地方，村民们的拮据程度可想而知。

一次次的热血沸腾，一次次的心灰意冷。直到2004年3月的一天，一个偶然的机会，使二坪村喝上自来水的梦想成为可能。

这天，李桂林在家访后回学校的路上被狗咬伤。村民所拉阿麻采来草药，为他治疗。一边敷药，所拉阿麻一边兴奋地告诉李桂林，他采药时在三坪的一处断岩边发现了一眼泉水。

"真的？！"李桂林喜出望外，伤口也不痛了。

"当然是真的，水虽然不大，但供应2组的十几户人应该不成问题。"所拉阿麻显然还沉浸在兴奋之中。

伤稍好些后，李桂林约上所拉阿麻，一起登上了三坪。果然，在三坪一处靠近绝壁的地方，有一眼清冽的泉水正源源不断地从石缝里冒出来。禁不住内心的喜悦，李桂林激动地趴到地上，将头埋在泉眼里，咕咚咕咚猛喝起来。直到喝得肚子抗议了，他才恋恋不舍地从地上爬起来，拿衣角揩着嘴上的水，满足地笑了。

更让李桂林开心的是，就在这眼泉水的附近，又发现了五六眼筷头大的泉水。

"边疆的泉水清又纯，边疆的歌儿……"回到家里，李桂林见到陆建芬，既是报告也是炫耀地哼起歌来。

"清又怎么了？纯又怎么了？三坪那样陡，而且那样远，还不是只有看的份。"陆建芬不以为然地说。

李桂林不以为然："近还是远，还不是人说了算。"

陆建芬摸摸他的额头："你没发烧吧？"

李桂林狡黠地笑笑，说："人往高处走，水往低处流。既然人不想走，就只有让水往下流了。"

陆建芬这才明白，李桂林的意思是要把泉水引下山。说到馍馍要面粉，而陆建芬心里清楚，家里只有债务，而没有多余的"面粉"。在二坪生活了十多年的她相信，和自家一样，村里的老乡们手里也不宽裕。想到这里，她不由皱眉叹道："可是，那得花多少钱哪，哪里弄钱去？"

"人多力量大。只要大家一起想办法，这个问题应该不成问题。"

陆建芬心里还是没底，郁郁地说："村里除了几个在外面打工的以外，哪家哪户不是靠树上的核桃卖几个盐巴钱？可一家人就几棵十几棵树，也卖不了几个钱哪。老乡们从牙缝里腾几个钱出来，还不是为了打一点酒喝。你想他们把打酒的钱用来买水管，我估计行不通。"

"我看行得通！"李桂林接过她的话，继续说道，

"三坪那么高，都能冒出泉水来，这说明一个什么道理？这不仅说明山底下有水，还说明山上的石头和石头之间是相通的。石头之间都能通，人和人之间还有什么说不通的吗？只要把道理讲清楚，我相信大家的工作是能做得通的。"他这么一说，陆建芬便不吭声了。

蹿踌满志的李桂林很快开始了一家一户的上门发动。几个晚上的摸底调查发现，2组的村民积极性普遍较高，而1组和3组的村民由于距水源点距离较远，需要集资的数额也要大些，因此一时下不了决心。李桂林于是决定各个击破，分步实施，先从2组入手。买水管和水泥的钱，2组的村民们很快凑齐了，一共1100元。

最大程度地节约资金，必须要找一条最短的布管路线。李桂林和几个精壮村民一起，带着砍刀和绳子，在悬崖绝壁间踏勘线路。就在快要到达三坪时，一道约一米宽的断岩出现在眼前。断岩之下，是与岩壁垂直的上百米的深谷。要越过断岩，必须在腾身跃起的瞬间，左脚蹬在前方的一棵树上，右脚顺势踏上岩坎。由于用力过大，李桂林右肩撞在了岩上。眼看就要掉下岩去，村民木机巴叶和木机劳九死死抓住他的手和衣领，两个人使尽浑身力气，才将他拖了上去。

二十多天后，二坪村的老百姓第一次见到了源源不断的自来水。手捧甘甜的泉水，很多人眼里噙着晶莹的泪花。

李桂林原本以为，2组的自来水接通后，1组、3组也会"水到渠成"。哪知道，短暂的热情过后，1组、3组的村民们曾经躁动的心情重新归于平静：反正都是水，何必花这个"冤枉钱"！动员1组、3组集资引水陷入了僵局。因此虽然水引来了，但是因为喝水引发的问题却未彻底解决。不久，3组的所日木乃就和别人因为水的问题引发了矛盾，两家人原本是要好的亲戚，因为这件事情，却结下了不小的怨气。

△ 二坪的清清山泉蓄池，村民吃水不忘李桂林

事情传到耳朵里，李桂林又一次"心病"复发。

2007年3月中旬，成都、重庆的十多名网友在知道李桂林夫妇和二坪小学的故事后，相约来到二坪，参观学校，走访家长，对话学生。网友们真情流露："你们现在还有什么困难，我们想尽一份心。"

"学校已经修好了，操场也硬化了，已经没有什么困难了。"夫妇俩委婉地谢绝网友的好意。

网友们却不答应："虽然我们也是工薪阶层，能力不大，但我们的心是热的，情是真的。你们可以十几年如一日为孩子们操心，却不让我们表达一点心意，是不是自私了点？"

网友的"激将法"果然见效，李桂林忐忑不安地问道："学校目前的困难我们可以克服，但1组、3组村民祖祖辈辈从山下背水喝，太苦了。如果能帮帮他们，就再好不过了。"

网友们露出不解的表情："二坪小学已经通水了，老百姓喝水的事情和你们没有关系。"

"怎么没有关系呢。我是党员，共产党员要吃苦在前享受在后，我现在吃上了自来水，他们却要么在几里地外背水喝，要么天天喝脏水。每天和他们低头不见抬头见，你们觉得，我能安心吗？"

李桂林的一番话，让在场的网友感动不已。他们当即表示，回去后，一定发动更多网友，给予力所能及的帮助。

3月23日，李桂林收到了网友送来的4700元捐款。4700元，在二坪老百姓的心中，是一笔不小的数字。然而，细细一算，要把水管接到每家每户，手上的资金还差上万元。

资金不够，工程却不能不动工。李桂林要给自己一个交代，更要给网友们一个交代。一番冥思苦想后，李桂林无奈让妻子陆建芬出面，向远在西班牙的妻弟陆建忠求援。陆建芬和弟弟的通话内容十分简单，"村上要集资安装自来水管，学校是用水大户，个别困难户交不起，能不能借点钱？"

5月1日，为1组、3组安装自来水管的工程拉开了序幕。16天后，一股喷涌而出的自来水，宣告了一个时代的结束。

山下赊来的水泥，砌完7个水池，还有一些节余。李桂林想起那年送学生时差点被山洪冲走的经历，便组织几个精壮劳力，在阿普洛朵沟上修了一座便桥。

喝水不用背了，过沟不湿鞋了，身边的变化，让村民们喜不自禁。阿木呷子等几个村民提出，要在水池上边刻上"吃水不忘李桂林"，在桥墩上刻上"过桥想着李桂林"。李桂林知道后，说啥也不同意。他说："我是在拉水管，不是在拉关系，我是在修桥，不是在修碑。我做这些事，只图个心安理得。我们都是一家人。给一家人讲客气，那还是一家人吗?！"村民们拗不过他，事情只得就此作罢。

全村人喝上了自来水，但李桂林的"心病"还是没有痊愈。1组、3组的村民可以免费用水，但是当年2组的村民们用水却是自费的。"一碗水要端平。"李桂林这么想着，便觉得欠了2组的群众一份情。2009年3月，一批网友来到二坪，临走时，偷偷给夫妇俩留下笔资助费用。用这笔钱，夫妇俩退还了2组14户老乡五年前的集资款。

➡ "治保主任"

★★★★★

1990年，就在李桂林来到二坪的几个月前，这座深山中宁静的小村庄里发生了一件大案。副村长木基叶子因为一起纠纷，拿出家里的菜刀一口气就杀死 6 人、杀伤 2 人，被杀的最大已 80 多岁，最小的才不到 2 岁。当木基叶子被捕后，他认为"杀一个也是杀，杀几个也是杀。我杀的都是我的亲戚，这是家族内部的事，应该由我们家族自己解决，你们凭什么把我拴在这里！"当李桂林在一次家访时，得知这一细节后，他心里暗自喟叹：这里不是二坪，而是"二盲"——一个文盲加法盲的地方。从这天开始，一个"双扫"计划开始在李桂林心中萌芽。

"双扫"，是李桂林生造的一个词。照他的理解，就是扫盲——扫文盲和扫法盲。

李桂林的"扫把"，首先对准了班上的学生。文化课是马虎不得的，比文化课还要重要的，是思想品德课。"文化课学不好，他最多少认几个字、算错几笔账，但如果思想品德出了问题，可能会误了他的一生。"抱着这样的想法，李桂林不仅从不占用思想品德课的时间，而且在其他课上和休息时间，常常用通俗易懂的方式，给学生传授法律知识。

"世界上，什么东西最亮？"一次课上，李桂林给学生提了一个问题。

"电灯！电灯最亮！"学生们的回答异口同声。虽然，他们中的绝大多数，只是从课本上看到过那种和苹果一般大小，却可以发出光芒的"怪玩意儿"。

"不是。有一种东西，比电灯还亮。"李桂林面带微笑。

良久，学生们眨巴着眼睛，静静地望着老师。

"是知识，文化知识，还有法律知识。"李桂林笑着说道，"电灯可以照亮我们的周围，却有一个地方照不进去，它就是我们的内心。而知识却可以让我们的内心变得明亮，变得宽敞，变得像天空那样，可以让白云栖息，让鸟儿飞翔。"

光是在学生中开展思想品德和法律教育，李桂林觉得远远不够。村"两委"的干部，除了支部书记在山下参加民兵训练时学了不多的汉字，其他村干部和党员都是清一色的文盲。由于没有文化，村干部们的法律知识也很匮乏。"不学文化，不学法，不仅不能当好干部，自己也要受惩罚。木基叶了就是例子，不仅把自己葬送了，还使村干部的形象和威望受到影响。"村上的党员和干部一开始畏难情绪严重，借口地里活计多，李桂林就苦口婆心给他们做工作，主动提出利用晚上时间给他们上文化课和法律课。

　　1996 年，李桂林成为了一名光荣的中国共产党党员。此后，他更是自告奋勇地承担起村支部的宣传工作，不仅定期组织党员学习政策法规，还把宣传法律知识作为家访时必不可少的一个内容。

　　当好普法"宣传员"，是为了防患未然，而当矛盾出现时，李桂林又摇身一变，成为"调解员"。

　　2005 年 9 月中旬的一天，和暑假以来的每一天一样，李桂林和村上的干部一起，组织村民硬化学校操场。工间小憩，李桂林发现村主任铁拉阿木的笔记本皱皱巴巴，连封面也不知去了哪里。

　　"怎么回事，是不是回家受了老婆欺负？"李桂林笑着逗铁拉阿木。

　　"你以为我跟你一样，见了老婆就像老鼠见到猫一样！"开过玩笑，铁拉阿木讲出了实情。原来，当天上午，3组的木乃布哈、机几克达、木留劳以三兄弟在分割父亲遗产时发生分歧，有的抓起板凳，有的操起扁担，有的拿起砍刀，你打我拼，互不相让。铁拉阿木闻讯前往劝架，拉拉扯扯中，揣在兜里的笔记本掉到地上，被踩得惨不忍睹。

"那问题解决好了吧？"不等铁拉阿木说完，李桂林关切地问。

铁拉阿木皱起眉头："这家几兄弟，全是牛脾气，一个比一个犟，好话说了一箩筐，就是'油盐不进'。还说是今天看我的面子，改天看各人的砣子。"

"看砣子"的意思，李桂林清楚，就是要靠武力解决。同室操戈，不仅不利于问题解决，还有可能引发又一场木基叶子式的悲剧。想到这里，李桂林担心地说："如果问题不尽快解决，只怕是要把事情闹大。"

铁拉阿木面露难色："有什么办法呢，清官难断家务事。我是好话说尽了，要不你试试吧。你是文化人，他们听你的话。"

李桂林欣然领"命"。操场硬化由每家每户轮流上工，李桂林想，利用三兄弟先后到学校上工的机会，给他们开个"小灶"，讲明道理，事情也就"摆平"了。哪里知道，他的好意，三兄弟并不领情。

"这是我们的家务事，李老师就别操心了。"木乃布哈说得还算客气。

机几克达则开门见山："李老师，村干部都摆不平的事，你还是别管为好。"

木留劳以是李桂林唯一的突破口了，几番好言相劝后，他的话却更加难听："李老师，你的职责是教书，手不要伸得太长了。"

交谈中，三兄弟都流露出"刀棒之下定乾坤"的意思。李桂林不由正告他们："国法大过家法，法律是不认人的！"

亲兄弟毕竟是亲兄弟，先后的回答竟惊人的一致："牛打死牛陪命。宁愿把命陪了，也不能输这口气!"

李桂林并不气馁。白天事多，他就利用晚上时间，分头到三兄弟家里促膝谈心。一次次的讲法律，摆道理，终于让三兄弟心平气和地重新坐在一起。通过多次协商后，兄弟三人终于就遗产分割达成了协议。

一场血拼避免了，事情却并未就此结束。一天晚上，木留劳以找上门来，一番闲侃后，红着脸对李桂林说："谢谢你，李老师! 要不是你出面调解，我们弟兄都翻脸了。"

李桂林笑笑，说："看来，我这手还得伸长点。"

话音刚落，李桂林的"手"就伸出了二坪。

在二坪，姑娘成年后，往往是人往低处嫁，山下的姑娘又不愿嫁到二坪来，这样一来村里的光棍有近百人之多。2006 年 12 月，二坪村老支书的独生子与布衣村一名女子发生婚姻纠纷，女方提出分手，男方却死活不答应。经过一年多的僵持后，男方仍不肯放弃，扬言要以死相拼。那天李桂林出差回到学校，听说双方已经做出鱼死网破的架势，饭也顾不上吃，便赶往布衣村。到布衣村要穿进曲曲鸟深谷，再翻上另一道山坳。当他打着手电赶到布衣村时，已是深夜。经过一番苦口婆心的劝说，女方终于回心转意。不久后，男女双方择日举行了婚礼。两冤家成了两亲家，老支书抑制不住满心欢喜，拉着李桂林的手说："你不光是二坪小学的老师，还是二坪老百姓的福星。"

把李桂林比作福星的，远不止老支书一人。

2007年1月，学校放假后，李桂林趁着天气晴好，留在学校翻修屋顶。这天，他正忙得大汗淋漓，忽然听到有人争吵。没等他听明白是怎么回事，争吵已经升级到刀刃相见的地步。事不宜迟，李桂林纵身跳下屋顶，上前劝阻。原来，阿木尔布嫌邻居所拉阿麻家的一棵核桃树遮住了自家的光线，不与对方商量就私自将树砍倒。所拉阿麻找阿木尔布交涉，阿木尔布却坚持认为道理在自己一边，双方互不相让，便要靠斧头说话。道理显然在所拉阿麻一边，可阿木尔布是个哑巴，和他交流起来十分困难。费了好大工夫，李桂林才帮助阿木尔布看到了自己的错误。所拉阿麻是个性情中人，见阿木尔布认了错，姿态也高了起来。刚刚还你死我活的两个"冤家"，很快又坐到一条板凳上，酒杯一碰，热络得兄弟一般。之后一段时间，阿木尔布见到李桂林，总要比划着说："李老师，卡莎莎。"

"卡莎莎"，在彝语里，是"谢谢"的意思。当这句彝族人表达谢意的话语从汉族兄弟嘴里略带生硬地脱口而出时，李桂林心里比吃了蜜还甜。

家在二坪

➡ 5个月大的"旁听生"

✦✦✦✦✦

　　1995 年 2 月,陆建芬在娘家生下第二个孩子。为了不影响开学,刚刚满月,她就背着孩子上了二坪。当时,陆建芬身体还没有恢复,一个人背着儿子拎着行李长途跋涉,刚到学校便病倒了。李桂林想带妻子下山治疗,可当时两口子的收入加到一起,不过 240 元。这 240 元,除了一家老小的生活,还要不时为学生垫交、代交书杂费,因此常常入不敷出。没有钱,病也就看不成,陆建芬因此落下严重的妇科病。看着妻儿面有菜色,李桂林心疼不已。利用课余时间,他在学校附近开了一块山地,种下荞麦、玉米,喂上几只鸡,靠鸡下蛋了给他们补补身子。村民们很重感情,见一家人为了村里的孩子受苦受累,很是过意不去,便给李桂林提议,让他在学校搞个小卖部,村民们下山时,轮流帮着进货。李桂林想也不想就回绝了他们的好意。他说:"如果开

△ 李桂林夫妇课余犁地种菜

了小卖部，这里就不是学校了，我也就不是老师了。"

1995年6月的一天，那天第四节课是语文。课文讲完了，李桂林安排学生默读，然后坐在讲桌前批改作业。才改了两本作业，红笔没水了。离下课还有一些时间，他便起身去取墨水。墨水在他住的房间里——那是学校除了教室和保管室外仅有的一个房间，是办公室，也是一家四口的寝室。

墨水放在门口的窗台上。取完墨水，李桂林习惯地往床上看了一眼。就是这一看，眼前的一幕，让他像是在冰天雪地里，被当头泼了一盆凉水。

当时，李威已经上学了，在陆建芬的班上。而李想才4个月大，由于夫妇俩都要上课，没有人照顾他，陆建芬只得利用课前和课间的时间喂奶。爸爸妈妈上课的时间，李想只有一个人躺在床上。好在孩子好像特别懂事，如果不是饿得厉害，一般很少哼哼。

和平常一样，李想那天睡得很香。他哪里知道，如果不是父亲的及时到来，他的美梦将会变成一场噩梦。

蛇！一条锄把粗细的乌鞘蛇，正吐着长长的信子，虎视眈眈地盯着睡梦中的李想。它乌黑的身子打得很直，头则微微昂着，深黄色的头，与带着甜甜笑容的嫩嫩的脸蛋只有不过一尺的距离。

闯进屋里的不速之客显然影响了蛇的情绪，它恼怒地扭过头去，不怀好意地盯着逼上前来的眼里同样冒着冷焰的敌人。走到离床大约1米的时候，李桂林不由停住了沉重的脚步。他怕，很怕，尽管手里已经多了一根结实的竹棍。但他还是怕蛇，怕它伤到自己的孩子。

四目对视，已然一场激烈的交锋。空气已经窒息，此时此刻，轻轻的一个动作，都可能使沉默的对峙在顷刻间升级。意志，在最为关键的时刻，成了最具杀伤力的武器。就在李桂林横下心来，准备主动进攻时，乌鞘蛇折身滑下床，麻利地钻进墙脚一个已经出现了几天，却一直来不及堵塞的鼠洞。

一场剑拔弩张的战斗，结束在无声之中。而这一切，熟睡中的李想并不知道。

从那以后，那张木床再也没有在上课时间陪伴过一个喜欢蹬脚的小男孩。而二坪小学四年级的教室里，则多了一个抱着奶瓶的学生，他躺在拿着教鞭的妈妈背上，不时发出"咯咯"的笑声。

再后来，背上的男孩和哥哥一样，拿着课本走进教室，成了一名真正意义上的学生。

➔ 家在哪里

★★★★★

上高三了，面对课本上的题目，李威常常感到很吃力。而更让他吃力的一个问题，却在课本之外——"你家在哪里？"一天，有同学问在汉源二中读高中的李威。

李威的脑海里跳出三个备选答案：A.汉源县乌斯河镇万里村；B.汉源县乌斯河镇贾托村；C.甘洛县乌史大桥乡二坪村。可想来想去，在这三个熟悉的地名里，他却没有把握选

△ 上完课后的李桂林夫妇正在做饭

出一个准确答案。万里村，是李威的出生地。在那里，一座破旧的土坯房里，住着爷爷奶奶。贾托村，是外公外婆家，理论上讲，也应该是他的家——2004年，舅舅陆建忠出资五六十万，修建了一幢两楼一底面积达六百多平方米的别墅。别墅竣工时，舅舅对母亲说过："这幢房子有一层是你们的。"虽然那层楼房一直空着，却毕竟是"我们的"。二坪村，则是他从小学一年级念到六年级的地方。也是在那里，他度过了难忘的童年，感受到了已经久违的虽然单薄却无比深刻的父爱母爱。

三个地方，都留下了生命中最为深刻的印记，而当要用"家"的名义作出选择时，他却感到很难很难。

后来，他把问题推给了父亲。父亲想想，又把"皮球"踢给母亲。

经过一阵长长的思考，陆建芬勉强给出一个答案："如果我是你，我会选择二坪。你的根在万里，贾托则是歇脚之地。而二坪，是你成长的地方，而且这里住着你的父亲母亲。现在，二坪是我们的家，也就是你们的家。"

说着这话的时候，陆建芬眼里有一种潮湿的东西在涌动。那些艰辛的日子，那些难忘的瞬间，随着如潮的记忆，一幕幕涌到眼前。

刚到学校时，学校没有空房间，一家三口挤在一户老乡的茅屋里。一家人，一间屋，一张桌子，一张床。屋子不大，而且黑暗、潮湿。如果不点油灯，即便屋外烈日当空，屋里也是一团漆黑。桌子是绝对的"原生态"作品，主人曾经在用于剁猪草的一张刀痕密布的木板下支了一个简易的木架，这便成了夫妇二人的办公桌。桌子很小，容不下两个人同时工作，他们每天晚上只能轮流哄孩子睡觉，另一人同时抓紧时间备课、批改作业。床没有挡头，宽不到 1.5 米，却要睡大大小小一家子，而且还得堆放很多的东西。山上的老鼠胆子大，有时人还没入睡，就在大人小孩的身上脸上窜来窜去，吓得孩子经常惊恐万状地哭着喊着滚下床。就这样在老乡家住了一年多，村里的干部实在看不下去，组织村民把学校的一间破房简单修葺了一下，又做了一张大一些的床，一家人这才搬进了学校。

和原来相比，学校的条件是要好些。但时间一长，夫妇俩分明感觉到，艰辛、困苦和难以想象的考验，始终没有离开过他们。吃饭就是问题。口粮虽然解决了，但蔬菜的奇缺却到了难以忍受的境地。一年到头，除了逢年过节，村里人几乎天天顿顿就吃玉米馍馍，或者洋芋坨坨，不吃蔬菜，也没有蔬菜。大人还能忍得住，看见儿子经常闹着不吃饭，饿得面黄肌瘦，陆建芬心疼不已，只得从娘家弄来一些酸菜，和着土豆煮成汤。后来每次下山，她总要找来一些菜苗，或者菜籽，种在房前屋后。

➔ 儿子哭了

☆☆☆☆☆

作为爸爸妈妈的学生，在学习上，李威和李想从来没有得到过格外的关照。不仅如此，就连老师辅导作业，也要把他们放在最后。他们把两个儿子放在最后，并不是为了"开小灶"。他们的想法很单纯：儿子是学生，其他学生也是学生，手掌手背都是肉，绝不能厚此薄彼。

现实常常事与愿违。李桂林和陆建芬想要的公平，其实是以对亲生儿子的不公平作为代价。全校两个班，几十个学生，课堂上的时间十分有限。每天放学后，夫妇俩又要洗衣做饭，又要批改作业，还得抽出时间下地干活，根本没有时间单独给他们补课。从小到大，尽管兄弟俩聪明伶俐，学习勤奋，成绩却很少能挤进班里的前三名。

父母管得少，和同学们做游戏的时间自然就多。学校没有体育器材，冬天，孩子们除了玩摔跤、"斗鸡"和"老鹰抓小鸡"的游戏，就只有跳绳了。跳绳其实不是跳绳，而是"跳藤"——没有绳子，有的孩子就从家里拿来大人上山割回的山藤，当做绳子跳。山藤韧性是差了点，但总比没有好。一根不听使唤的藤子，常常让孩子们玩得非常尽兴。

2003年11月的一天，放学后，李桂林照例批改作业，陆建芬照例下厨房做饭。李威和李想，则和几个留下来的同学一起在操场上"跳藤"。伙伴们列着队，依次从上下划圈的绳子中间一跳而过。调皮是孩子的天性，即便是排队等候时，也没有停止你推我搡。就在李想准备起身跳跃的时候，背后的一个伙伴冷不丁在他衣领上扯了一下。

"妈呀！"李想的脚被藤子一绊，一个踉跄后，摔倒在了地上。

听到叫声，夫妇俩一开始不以为然，只当李想是小题大做。短暂的沉静后，操场上传来一阵撕心裂肺的哭声。夫妇俩这才感觉情况不妙，赶紧跑出门去。

学生们早吓跑了，留下手足无措的李威守着号啕大哭的弟弟干着急。

"怎么了，想儿，快起来。"陆建芬见李想疼得呲牙咧嘴，心疼得直掉眼泪。

李想见妈妈来了，哭着想爬起来，右手刚一用力，就感到钻心的疼。"哎哟！哎哟！"他的哭声更大了。

李桂林见状，小心地帮他翻过身，轻轻将他的袖子往下捋。冬天穿得多，李想又哭得厉害，李桂林的双手禁不住哆嗦。捋到肘部，只见肘关节前侧一根骨头高高凸起，形成一个又红又肿的大包块。

"赶快带他下山治疗！"看见儿子伤势严重，陆建芬哽咽着催李桂林。

"骨头没有断，只是有些脱位，找个赤脚医生接一下就可以了。"李桂林凭经验作出判断。

陆建芬不信，哽咽着说："都这个样子了，随便接接怕是不行。"

李桂林摇摇头说："今天才星期一，总不能不上课吧。"

"你的心是铁做的呀？"陆建芬哭出声来。

"又没说不治。找个医生来，既不耽误治疗，又不影响上课，这样不是一举两得吗？"李桂林低声解释。

陆建芬知道拗不过他，啜泣着打来凉水给李想敷上。

山上没有医生，李桂林托老乡去山下请。请来的赤脚医生看了伤势后说："看来有点严重，尺骨断了，桡骨也脱位了。"

陆建芬一听，急得团团转。李桂林赶紧问："那该怎么办？"

医生满有把握地说："你们也不必担心，接骨头、治骨伤是我的强项。"

"如果不行，送到县医院去看看？"陆建芬还是放心不下。

看医生脸色不好，李桂林赶紧冲她说："你这是迷信！哪里的医生不是医生？没有金刚钻，人家敢揽你这瓷器活？"

医生手法很快，药也敷得厚，不大工夫，就宣告完事了。

过了一段时间，李想的手果然不疼了。但在肘部前侧，桡骨不时冒出头来，原本灵活的手掌也不能和以前一样自由翻转。看着儿子的手，夫妇俩有些担心。但见他没有喊疼，也抽不出身来，就一直拖到放寒假才到县医院做了一个检查。结果出来后，夫妇俩心里凉了半截：X光片显示，错位的桡骨根本没有接好。医生同时告知，由于没有及时准确复位，骨头已经长出了骨痂，要通过非手术手段复位已经不可能了。

2002年和2007年，李威和李想相继从二坪小学毕业，到汉源二中念书。在远离父母的日子里，兄弟俩最大的愿望是，学校召开家长会时，爸爸妈妈能够在他们的面前出现。他们的要求不高，哪怕只是父母中的一个人，哪怕只是一次。他们想念爸爸妈妈，更重要的是，他们想证明一件事——他们不是没有爹妈的孩子。因为已经不止一次，有同学在背后议论他们的父亲母亲已经离婚；有人甚至怀疑，他们根本就没有父亲母亲。

李威念到高三，这样的心愿也未能实现。这次家长会在周末，他特意提前给家里打了电话，希望爸爸能到时参加。李桂林答应得很爽快，可到了家长会那天，李威等来的依旧是失望。

电话响了，李桂林看到来电显示，竟然有些紧张。他想如实告诉儿子：爸爸妈妈本来约好一块去学校，可是学校临时有事，实在走不开。下次，我们下次一定参加。

不等他说话，电话那头已传来李威郁闷的声音："爸爸，我只想问一句，我到底是不是你们的娃？"

→ "学校的事情比家大"

★ ★ ★ ★ ★

1996 年 6 月，二坪小学第一届学生毕业。在全县所有村小中，二坪小学毕业班优生最多，升学率最高。荣誉接踵而至：李桂林被甘洛县委、县政府评为"优秀教师"，二坪小学被苏雄区委、区工委和乌史大桥乡党委、政府评为"先进集体"。也在这一年，李桂林如愿以偿地加入了中国共产党。与此同时，经乡党委、政府大力举荐和县教育行政主管部门积极争取，李桂林还被破格批准参加会理师范学校民师班招生考试。考试的结果，同样振奋人心。金秋十月，代课老师李桂林跨进会理师范学校的大门，做了一名学生。

李桂林前往会理师范学校上学后，陆建芬只得家长、校长"一肩挑"。白天除了上课，还得做饭、洗衣、料理庄稼地。到了晚上则更忙，备课、哄孩子、批改作业，一直要忙到深更半夜。夜深人静的时候，山上的野兽开起了"音乐会"。

此起彼伏的叫声，常常吓得人毛骨悚然，整夜整夜地不能入睡。就是在这样的条件下，陆建芬没有让二坪小学流失一个学生。

10月18日，又一个火把节不期而至。之前每年的这个时候，吃过晚饭后，李桂林和陆建芬总会牵着两个孩子，默默站在寝室门口，让视线穿越深深的大渡河大峡谷，在老家的山脊上歇下脚来，作一番长长的停留。而这一年的火把节，学校的寝室门前，陆建芬和两个儿子并没有出现。陆建芬病倒了，而且病得不轻。

第二天早上，班上的学生准时坐在了教室。陆建芬不想因为自己生病影响了课程，又怕自己的样子吓坏了他们，想来想去，便让李威通知他们散了学。

二坪小学第一次没上课就放了学，村民们感觉情况不对，纷纷到学校探望。看到陆建芬病成这个样子，大家感到又焦急又心疼。"陆老师，不能再拖了，你下山去医院看看吧。"大家纷纷劝她。

下山看病，陆建芬不是没想过。可是，耽误上课不说，看病的费用也是个问题。家里本来就没有积蓄，开学时，又给几个家庭困难的学生垫交和代交了书杂费，在这样的情况下，哪有钱去看病呢？

"问题不大，拖一下就过去了。"陆建芬强打精神说。囊中羞涩的事，她没有告诉乡亲们。

"可是再拖就出问题了。到时候，我们怎么向李老师交代，怎么向你们一家人交代啊！"木牛拉哈急得直跺脚，"你这病是非看不可的了！"

在大家的帮助下，陆建芬带着两个年幼的儿子下山看病。夜幕下，陆建芬敲开了娘家的门。面对白发苍苍的老人，面对老人充满疑虑、担忧和爱怜的眼神，来不及喊一声"妈"，陆建芬已是泪如雨下。

当天夜里，陆建芬被父亲和妹妹送到医院，打了整整一个晚上的吊针。

从那以后，在通往二坪的雪区，那座摇摇晃晃的吊桥前，人们经常会看到一位老人的身影。这位默默守候的老人不是别人，正是陆建芬的母亲李泽香。老人家守候的目的只有一个——家里做了好吃的东西，要是能碰上回二坪的乡亲，请他们给女儿和外孙带些上去。

1997 年 7 月 1 日，学成归来的李桂林离开会理，踏上归途。"香港回归祖国了，我也回归二坪了！"坐在火车上收看电视直播，李桂林感到无比的骄傲和自豪。

一段牛郎织女式的生活结束了，而夫妇俩与家乡、与亲人隔河相望的历史却远远没有结束。

2005 年暑假，因为忙于张罗二坪小学操场和围墙的修建工作，夫妇俩没有下山回家。这天李桂林正在和村民们一起平整地面，下山回来的木乃热布神色凝重地把他拉到一边说："李老师，你父亲生病住院了，你还不下山去看看。"

李桂林眉头一皱，问："严重吗？什么病？"

"我也是在乌斯河听你们村的人讲的。不过听说人都送到县医院去了，可能病得不轻。"

李桂林心里一紧，赶快叫上陆建芬，急急忙忙赶下山去。谁知，等他们见到父亲时，老人家已经做完手术，康复出院了。"小问题，就是个急性阑尾炎。

虽然没到医院前我还以为活不成了，但就是在那个时候，我也没让家里通知你们。学校的事情比家大，你们就安心待在二坪吧！"

在家里陪了父亲一天，夫妇俩又上山了。与15年前不同，这一次，李桂林是被父亲"撵"上二坪的。

天梯永恒

→ 坚守一份"清贫"

★★★★★

1985 年 9 月，李桂林曾经应聘到万里村乌斯河石膏矿当会计。在那一年，李桂林每月工资高达 800 元。在二坪，工资虽低，条件虽苦，李桂林、陆建芬却常常感到非常满足。

根据有关规定，寒暑假期间，代课老师没有工资。考虑到二坪条件极其艰苦，李桂林上山前，村委会作出决定：为了让新来的老师在二坪安心教书，也为了他们的安全，每个学生家庭每学期向每位老师提供 2.5 斤大米、1.25 斤大豆、40 斤柴火。也就是说，除了工资之外，夫妇俩还有一笔额外的收入。从 1990 年起，二坪村"两委"都在极为有限的统筹提留款中，给李桂林补助 300 元生活费。从 1998 年起，已经转为公办教师的李桂林曾多次提出，他现在已经拿到了国家发的工资，村上的决定应当废止。李桂林在二坪一向说话管用，而在这个问题上，他的建议苍白无力。村民们对他说："你有是你的，我们给的是一点心意。东西事小，感情事大！"一度"重男轻女"思想严重的二坪，在这件事情上格外开明。陆建芬上山后，村"两委"一视同仁，让她享受与李桂林同样的待遇，直到2004年陆建芬被转为招聘老师。

在2008年度"感动中国"节目录制现场，主持人敬一丹的一个提问和陆建芬淡定的回答，让刚刚还鸦雀无声的观众席上掌声雷鸣。

敬一丹的提问是："陆老师，你现在每月的收入是多少？"陆建芬的回答为："我现在每月有230块钱。以前只有100块，我觉得跟以前比起来，要好得多了。"

陆建芬的回答，其实略去了一个同样让人心酸的过程：刚到二坪时，她每月的收入是100元。从100元到230元，经过了4次调整，用了13年时间。

李桂林、陆建芬夫妻俩并非没有获得高酬劳的机会，但是每当这样的机会摆在他们面前时，为了二坪的学生，他们都主动回绝了。

1993年的一天，陆建芬的一个堂兄捎信过来，叫李桂林火速下山一趟。李桂林以为家里出了什么大事，立刻赶往山下。当李桂林看见这位堂兄后才知道，并非家中出了什么事情，而是这位堂兄想拉李桂林入伙，到自己的铅锌矿上掌管"财政大权"，而且每月工资高达1200元。

李桂林和钱没有结过仇，好事撞上门，自然是喜不自禁。可好事来得太突然，他心里还是有些打鼓，便问堂兄道："会计那么多，怎么想到找我？怎么工资要给那么多？"

堂兄的回答却很简单："会计多的是，可弟兄有几个？如果账管不好，从指缝里漏出去的也不止这点。"

听了堂兄的话，李桂林心里像被什么扯了一下。李桂林心里琢磨着：会计多的是，可弟兄有几个？同样的道理，老师多的是，但能上二坪教书的又有几个呢？如果我走了，建芬一个人无论如何也把学校管不好，那样的话，学校又要关门了，那些娃娃怎么办呢？想到这里，他的心情变得复杂起来。

堂兄见他迟疑不决，不解地问："怎么，嫌少？"

李桂林摇摇头，说出了心里话。

堂兄听了，不以为然地说："你又不欠二坪的。再说，你帮他们也是帮，帮我也是帮，总不能不帮亲戚帮外人吧。"

李桂林觉得堂兄说的也有道理。思来想去，一时也没了主意，便对堂兄说："这样吧，我回去和建芬商量一下。"

回到家，李桂林话没说完，陆建芬就忍不住了："老实说，你是不是想去他那里？"

李桂林费力地搓着手说："我这不是在你和商量吗？我是想……"

陆建芬打断他的话，干脆地说："跟我没什么商量的，你平时怎么说学生的？说来就来，说走就走，这是茶馆啊？！"

夫妇俩关于李桂林是不是下山的对话就此结束，而堂兄麾下的"账房先生"也从计划中的李桂林变成了别人。

2001年5月，又一个机遇主动找上门来。在汉源三道岩，有人探出了铅锌矿。通往三道岩的公路是当年李桂林在乌斯河石膏矿当会计时组织民工修建的，就是那个时候，他的能力和为人就得到了广泛的好评。正因为如此，几个朋友找到他，生拉硬扯要约他一起合伙打矿。他们说："我们入伙靠出钱，你入伙只需要两个东西，一个是能力，一个是人品。"当时，李桂林夫妇俩每月一共只有600余元工资，而身为农民的父母年岁已高、体弱多病，大儿子也即将进入中学，正是一家人需要钱的当口。可面对朋友的软磨硬缠，李桂林果断地谢绝了他们的好意。

机遇，似乎对李桂林、陆建芬夫妇特别耐心。就在李桂林回绝了朋友们入伙开矿的"邀请"后，这年年底，又一个机会主动来到他们面前，不同的是这次"橄榄枝"抛向了陆建芬。

2001年寒假，在贾托村的家中，陆建芬和弟弟陆建忠久别重逢。此时的陆建忠经过数年在西班牙的打拼，已经有所成就，定居西班牙，并且有了自己的产业。到2001年，夫妇已经凭着一座别墅、两幢宾馆的实力在当地小有名气。这次回家，除了阖家团圆，陆建忠还有一个重要计划——请陆建芬出山，到西班牙为他当"管家"。

陆建忠的话题，引起了一大家人的极大兴趣。母亲李泽香第一个表态："你在二坪我一年也看不到几眼，不如就跟你弟弟去。管他西班牙东班牙，在哪里都比二坪好耍。"

陆建芬听着别扭，打断了母亲的话："妈你说什么呀，我是去教书，怎么是去耍呢？"

母亲撇撇嘴："别人教书领工资，我怎么没看你领过工资？两个娃娃要不是靠他舅舅资助，只怕是书都早就读不成了。"母亲还要说话，却被父亲止住了。

陆建芬脸早红了，埋着头，半天说不出一句话来。这些年，作为长女，她不仅没有尽到赡养老人的责任，反而拖了家里的后腿。陆建忠见姐姐受了委屈，赶紧解围："钱倒是次要，关键是你不能一辈子在那里受罪吧。再说，总不能老是亏了自己的娃娃。"

见姐姐仍不说话，陆建忠又说："我那边确实需要人。你去了那里，我保证你比教书轻松。工资标准我也给你定了，每月600美元，也就是人民币5000元的样子。"

母亲的责怪和弟弟的盛情，让陆建芬有些心动。但一想到二坪的孩子，想到那一双双乌黑油亮的眼睛，她的心一下就软了。"以后再说吧。"说这话的时候，陆建芬没有抬头。

陆建忠沉不住气了，不由提高了嗓门："我也不是不主张你奉献。可你都奉献整整十年了，你有几个十年啊。离了红萝卜，你以为就真的不开席了?!"

可陆建芬决心已定，抬起头来，坚定地说："你们的好意我心领了。离开二坪，不是你们说的那么简单，你们别管了。"

"可你是我亲姐姐呀，我不管你谁管你?!"陆建忠看着姐姐，感觉那样熟悉，又那样陌生。他怎么也想不通，姐姐什么时候变得这么倔强任性。

春节还没过完，陆建忠带着满脑子的不解，也带着顶替姐姐的堂姐回了西班牙。而陆建芬，则在正月十八那天，带着两个儿子，头也不回地攀上天梯，回到二坪。

2004年12月的一天，太阳落山的时候，正在屋里吃晚饭的夫妇俩听到校门外有人喊。意想不到的是，出现在门前的不是别人，而是陆建忠。

到了屋里，当目光与饭桌相遇，刚刚还激动不已的陆建忠脸色变得凝重起来。

"姐，你们就吃这个？"陆建忠指着饭桌，显得很是难以置信。火塘边，一张破旧的课桌上，放着一盘土豆炒肉，一碗酸菜土豆汤。除此之外，就只有一个盛着半瓶豆瓣的罐头瓶了。

李桂林难堪地笑笑，说："这些年，让你姐受苦了……"

这时，陆建芬抢过话头说："天天有肉吃，已经很不错了。你不知道，村里好多老百姓还没有大米吃呢。"

陆建忠沉默一阵，岔开了话题："姐，姐夫，这次上来，一是想看看你们，二来有个事想和你们商量一下。我在那边，事情很多，没有几个自己的人，总感觉有些吃力。上次请姐姐过去，是我没考虑周全，我怎么能把你们拆开呢？所以我想请你们一起过去帮忙。"

陆建芬没想到弟弟会上山看她，更没想到时隔三年，他的想法一点也没改变。陆建芬心里清楚，弟弟说需要他们帮忙，其实是怕伤了她的面子，说的客气话。实际上，弟弟是心疼她，为她好，不想让她在这里吃苦。想到这里，她心头一热，说："建忠，别说了，姐知道你是好心。不过，还是我先前给你说过的话，这里，我们实在走不开。"

陆建忠早有思想准备，耐着性子劝道："你们在这里很重要，但你们在我那里就不重要了？你想想看，你在这里干一辈子，值不值得，有没有意义？"

陆建芬本来很是感激弟弟，听他这么一说，便不再客气："怎么不值得？怎么没意义？如果我们不吃这个苦，二坪的娃娃就要吃更多的苦。何况，想想旧社会，想想粮食关，这又能算什么苦呢！？"

李桂林见气氛有些紧张，赶紧带笑说道："人生的意义，看你怎么理解。你不知道，现在田坪、布衣甚至汉源县的汉族娃娃都到我们这里来上学了。能够为我们的彝族乡亲和汉族同胞做一点事，不能说是没有意义吧？再说，你看这里的老乡对我们多好，他们舍不得吃的肉说什么也要送给我们，他们是用心在对我们好哪！"

见姐姐和姐夫铁了心，陆建忠纳闷地问："老乡对你们好，也就是给你们几块腊肉、几斤土豆。我每个月每个人可以给你们 6000 元，一年你们就可以收入十多万啊。这样的账，难道你们真的不会算吗？"

火塘里的柴火快要燃尽了，屋子里的光线变得黯淡起来。陆建芬赶紧弯下腰去，借着添加柴火掩饰内心复杂的情绪。

新添的柴很快点着了，房间里重新变得温暖明亮。"建忠，我也算笔账给你听听。这 14 年来，我们一共收了 149 名学生。每一个学生，在我们心里，都是一万分的重要。这样算的话，我们也是 149 万了。这 149 万虽然看不见摸不着，但它是真真实实地存在啊。你想想，如果你当年没读过书，能有今天吗？你又能断言，这些二坪的娃娃，以后不能走出大山，不能有所作为吗？你在给我们机会，我们理解。可是，他们也需要机会，他们也需要理解啊！"陆建芬一边拨弄着火塘，一边对陆建忠说。

再开口说话时，陆建忠终于让步了。他的让步，以一个条件为前提。

"人各有志，我不挖你们的墙脚了。不过有个条件，你们得答应我。"陆建忠看看姐姐，又看看姐夫，恳切地说。

　　陆建芬忐忑不安地答：“只怕是帮不上。”

　　"其实也简单"，陆建忠露出了久久消失的笑容，“如果我的小儿子出生了，也让他做你们的学生。”

　　"你们条件那么好，还让他来这里受苦？"夫妇俩几乎异口同声地问。这下，轮到他们对弟弟感到不可思议了。

　　陆建忠认真答道：“他的根在中国，我要让他回来先学中国话，也跟着你们先学做人。娃娃交给你们，一万个放心。”

　　"那样说来，我们岂不是又多收入了1万？"李桂林脱口而出。

　　会意的笑声，飘出温暖的屋子，打破夜的沉寂。

　　陆建忠说到做到，“小西班牙”果然被送到二坪，度过了一年多的童年时光。

天梯卸任　精神永恒

★★★★★

2009 年 5 月 11 日，二坪村天梯的下方，来了一群工人。他们肩上扛着钢管，手里拿着钢钎，在悬崖绝壁间摆开了战场。工人们要做的工作，是在 5 道天梯生根的地方，修建钢质梯步，取代 5 道木梯。

这一天将要发生的事情，李桂林和陆建芬早就知道。但和村里兴高采烈的老乡不同，他们没有前去观看。在他们心中，5 道颤颤巍巍的天梯，俨然 5 位知根知底的朋友，19 年相伴同行，突然到了说再见的时候，心里难免不舍，难免伤感，难免生起浓浓的离愁。

时针回转到 4 月 28 日。那天，一个特殊的客人来到二坪。也正是这天，这位客人带来了令二坪村老百姓奔走相告，也让夫妇俩百感交集的决定。

这位客人不是别人，而是翟占一，凉山彝族

自治州州委书记。上任第 12 天，翟占一便在州委常委、宣传部长王金铁，副州长杨朝波和州教育局、交通局、甘洛县委负责人陪同下顶着烈日来到二坪。

翟占一还未到，已有人在前面报信："李老师，陆老师，大喜事啊，祝贺你们！"

来人是县教育局的一名干部，他说的大喜事，果然让夫妇俩激动不已："陆老师已经被特批转正，从今年 1 月份起，就是公办教师了！"

"这是补发的 1 至 5 月工资。"来人递上一个厚厚信封。

接过沉甸甸的信封，陆建芬仿佛做梦一般，怎么也不敢相信。"你说说，到底是怎么回事。"陆建芬轻轻捧着信封，她怕稍一用力，手里的梦就碎了。

"当然是真的。翟书记还有杨副州长都要来看望你们，这还有假！"

翟书记是谁，当时夫妇俩尚不清楚。而杨副州长其人，夫妇俩并不陌生。他就是杨朝波，州里主管教育的副州长。2006 年 7 月，《峭壁上的夫妻教师》在中央电视台刚一播出，杨朝波便带着州教育局负责同志，准备专程前往二坪村看望夫妇俩。因为公路塌方，见面地点改到了县委大楼。当天，杨朝波主持召开会议，对夫妇俩扎根深山、默默奉献的精神给予高度赞扬，并表示要将陆建芬的身份问题作为个案特事特办。

将信将疑间，杨朝波果然出现在了面前。"这位是州委翟书记，专门上山来看望你们。"杨朝波将一位满头大汗的中年男子介绍给夫妇俩。

翟占一的开场白，令夫妇俩终生难忘。

"李老师，我受省委刘奇葆书记的委托，也代表凉山州委，专程

△ 陆建芬18年来默默无闻地跟随丈夫李桂林在山上教书育人

前来看望你和陆老师。"翟占一紧紧握住李桂林的手，亲切地说。

省委书记日理万机，不分昼夜；州委书记刚刚上任，千头万绪。两个普通的山村教师，却被省里、州里的领导所惦念，想到这里，李桂林感慨地说："我们只是做了作为老师应该做好的事情，却得到了这么多的荣誉和关心，我们心里怎么过意得去？"

翟占一闻言，真诚地说："作为外乡人，你们19年坚守在这样艰苦的地方辛勤耕耘，在悬崖边拉起孩子们求知的小手，在彝家山寨传播文明，你们的事迹很感人，你们的精神很了不起！当前，凉山州正处在爬坡上行、加快发展的关键阶段，要求各级干部继续发扬艰苦奋斗、敬业奉献的精神，越是关键时刻，越是要讲奉献、讲大局、讲付出、讲实干。从你们身上折射出很多的闪光点，凉山要发展，离不开这些优秀的品质和精神。"

坐在长条凳上，翟占一和夫妇俩拉起了家常。一边问，一边听，一边记，学校的发展、老师的工作、学生的学习、师生的生活，似乎对二坪的一点一滴，翟占一都有无穷的兴趣。

学校的操场上，一个以州委书记为主持人，以二坪村教育发展、基础设施建设为研究内容的"坝坝会"随即召开。会议议定，成立由甘洛县委书记吴闽为组长的二坪村学校、道路等基础设施建设领导小组。

方案很快议定：由州、县筹集资金，对二坪村小学的教学及辅助用房进行改扩建，在将现有教室墙体和校园围墙加高的基础上，扩建保管室、教师宿舍，增加篮球场、乒乓球桌；改善进出二坪的道路交通条件，将田坪至二坪新修不久的12千米骡马道进行改扩建，坡改缓、窄加宽；将木质天梯改建成钢梯，在危险路段安装扶手。

握别之际，翟占一意犹未尽："你们的'天梯精神'，我们要发扬光大。"

"天梯精神"，州委书记的话，让李桂林心潮起伏。"感动中国"颁奖晚会播出以来，这样的说法，他已经不是第一次听到。

2009年2月5日，"感动中国"颁奖晚会在央视黄金时段播出。那天，李桂林的手机一共响起200多次。这些电话和短信中，一份来自家乡的问候让他倍感温暖。

"你们给雅安人争了光！家乡人民一定做你的坚强后盾！"当晚8：30，雅安市委常委、宣传部长向华全打来电话，代表家乡人民向他表示祝贺。

6天后，不惑之年的雅安人李桂林、陆建芬第一次结伴来到雅安市区。此行，他们是应向华全邀请，带李想到雅安市中医院诊治手伤。

"你们是雅安人的骄傲，这是'挑战极限，勇创一流'雅安精神的体现。"2月11日，一见面，向华全动情地说，"你们为边远山区的孩子架起通往知识殿堂的天梯，也架起了汉族地区和少数民族地区交流交融的天梯。我们要学习宣传你们忠于职守、无私奉献的'天梯精神'。"

"常回家看看。"向华全的话还在耳边，雅安市委常委、常务副市长李伊林，市委常委、副市长、汉源县委书记杨承一又出现在了面前。

关注天梯、关注天梯精神的，并不只是地方政府。二坪对岸的山脚下，国电大渡河深溪沟公司团委的年轻人们，把弘扬天梯精神的想法变成了登上悬崖天梯、赠学习用品的实际行动。当一条题为"深溪沟青年体验天梯之路"的信息送到大渡河公司总经理刘金焕，公司党委书记、副总经理付兴友案头后，公司领导专门抽空听取团委关于二坪小学的相关情况，要求公司相关方面力所能及进行帮扶，"一定要把好事办好"。

在迅速将篮球架、乒乓球桌、文件柜等教学用品、文体用品背运送到二坪小学，并为全校师生量身定做了两套统一服装后，国电大渡河公司慷慨捐款100万元，用于改善学校教学环境，"以实际行动向'天梯精神'致敬"。

"天梯"铺路，好消息不断"爬"上二坪。

2009年初，长春电影制片厂决定与一家企业联袂斥资，以李桂林夫妇为原型，拍摄电影《天梯》。电影由执导过《九香》、《大雪小雪又

△ 天梯

一年》《快乐老家》《在希望的田野上》等影视剧，荣获过华表奖、飞天奖、金鹰奖的国家一级导演孙沙执导；剧中男主角由曾在电视连续剧《玉碎》中饰溥仪、《刑警使命》中饰范高的刘鉴扮演；女主角由在电影《寄生人》中饰朱晓茵、《两只蝴蝶》中饰蔡雯的陈依莎扮演；摄影由曾拍摄过电视剧《黑洞》《冬至》《康熙王朝》等影视剧的粟粟担纲。

3月初，孙柏带着编剧和男女主角来到二坪，开始了生活体验和剧本创作。半个月的朝夕相处后，孙柏入戏了:"这条充满危险的陡峭山路,让夫妻二人的教学生涯充满了艰辛,但也正是在这条'天梯之路'上,他们为偏远山区的教育事业撑起了一片蓝天,为峡谷山巅的孩子架起走出大山、通往现代文明、通往美好未来的'天梯'……"

经过精心准备,5月13日,《天梯》在万里村正式开拍。拍摄地点选在悬崖边上,隔着时隐时现的云雾,隐约可以看到二坪的轮廓。

花椒飘香泛红,柿子满树开花。第一次有人在村里拍电影,而且是拍村里人的电影,村民们过年一般,放下手中的活计,关门闭户前去观看。消息早就传了出去,马托、皇木、永利等毗邻乡村的人们也争先恐后地从一条条羊肠小道上鱼贯而来。

6月26日,李桂林下山办事。走到原来的天梯位置时发现,一架银光闪闪的钢梯附着在黝黑色的峭壁之上,穿过灌木丛攀上崖壁。这架以钢架、钢板为梯步,镀锌钢管为扶手的钢梯,像一个结实的钢罩,覆盖于木梯之上。

李桂林放慢脚步,若有所思。就在这时,孙柏打来电话:《天梯》已经杀青了,今年国庆节前后,将在全国影院上映。"孙柏还告诉李桂林,为了避免与之前的其他电影作品重名,也为了更加准确地交代学校所处的地理环境,电影已更名为《云端学校》。

➔ 爱的回声

★★★★★

　　2006 年 4 月 21 日。这天，中央电视台《中华民族》栏目编导超克、记者王向群、摄像师王晶来到二坪小学采访。从山下到二坪，一行三人走了整整 8 个小时。

　　到了二坪村之后，超克说："这次到二坪，我才真正理解了什么是爬山。我们手脚并用地爬上来，一生可能就这么一次，而你们一爬就是十几年，实在不简单。"5 月 15 日，超克一行采访制作的专题片《峭壁上的山村教师》在中央电视台播出。一夜之间，二坪小学、李桂林、陆建芬，三个曾经名不见经传的名字，成了搜索引擎里出现频繁的热词。

　　带着好奇、带着敬意，也带着怀疑，全国各地媒体纷至沓来，一个曾经人迹罕至的地方，成为新闻人乐此不疲的热土。一部由英国 BBC 等电视媒体联合制作并在全球二百多个国家和地区播放的纪录片《悬崖上的夫妻小学》，更是将这个中国西部绝壁之上的云端小学，生动形象地展示在世人面前。

媒体的大手，让一所崛起于既倒的学校世界瞩目，也把两位很少有机会看到电视的乡村教师，推上了中央电视台2008年度"感动中国"的颁奖舞台。

一个更大的荣誉，把夫妇俩送上人生的巅峰。2009年9月10日，新华社发布消息，由中宣部、中组部等11个部委组织的"100位新中国成立以来感动中国人物"评选揭晓，李桂林、陆建芬的名字赫然在录。

四天后，在北京，"100位为新中国成立作出突出贡献的英雄模范人物和100位新中国成立以来感动中国人物"代表座谈会隆重召开。身着节日盛装的李桂林和陆建芬走进人民大会堂，受到中共中央总书记、国家主席、中央军委主席胡锦涛和吴邦国、温家宝、贾庆林、李长春、习近平、李克强、贺国强、周永康等党和国家领导人的亲切会见。

9月中旬，李桂林和陆建芬再次接到首都发出的邀请：新中国成立60周年庆祝活动观礼台上，有属于他们的两个座位。坐在天安门前的观礼台前排，李桂林和陆建芬如做梦一般。

除了党和国家、各级政府给予夫妻两的荣誉和关怀外，一群群普普通通的人们也时刻感动着他们。

李桂林夫妇有一个有些褪色的笔记本，笔记本中记载着自从他们的事迹被媒体报道后，先后来二坪看望和帮助过他们的人。每一批来到二坪的人，他们的名字和通讯方式，都会留在这个笔记本上。夜深人静的时候，夫妇俩常常会找出本子，翻开记忆。每一页，都有一些和蔼可亲的面孔；每一行，都有一个难以忘怀的故事。那些故事，那些人，在每一个思绪飞扬的夜晚，陪伴在他们身边。

66 岁的袁孝正，是到过二坪小学的人中岁数最大的一位。

2009 年 5 月 12 日，袁孝正在妻子王程慧的陪同下，踏上了二坪之旅。

曾经获得联合国教科文组织环保摄影奖、身为多家新闻媒体特约记者的袁孝正是个工作狂。刚上路，他就找到了创作灵感，用手中的相机记录着所见的一切，全然忘记了自己肺功能不好，而且患有严重的高血压。

到二坪，是春节时就许下的心愿。眼看已经到了山下，王程慧迫不及待地往前赶，一不小心把老伴落在了后面。到了田坪，左等右等，就是不见老伴的影子，王程慧不禁有些担心。正在这时，从山下赶来的一位老乡告诉她，有一位年过六旬的老人晕倒在了路边。

不出所料，躺在路边的正是袁孝正。王程慧赶紧拿出随身携带的速效救心丸，帮他服下。"不行回去算了，老袁你可能上不去。"老伴醒来后，王程慧担心地说。

"我的身体我知道，没有问题。"袁孝正不由分说地重新上路。

刚过田坪，袁孝正又晕了过去。待他醒来，王程慧也下定了决心："老袁，说什么你也不能再往上走了。"

袁孝正的态度却没有商量的余地："李老师和陆老师，是世界上最伟大的人。就是死，我也要死在上面！"

接到电话，李桂林只得在村里找了两位精壮劳力接应袁老上山。

李桂林和陆建芬没想到年过花甲的袁孝正能爬上山，也没想到这位走南闯北阅人无数的老记者在与他们一席长谈后，会作出这样的决定："我要给你们做一本画册，亲自送上山来。"

更没有想到的事情，还在后面。6月21日，袁孝正一个人又去了二坪。此行，袁孝正只有一个目的：把量身定做的一部画册，亲手交到夫妇俩手里。

夫妇俩的"粉丝团"，除了耄耋之年的老人，也不乏思想新潮的学生。在众多的来信和来访者中，"80后"、"90后"不乏其人。

魏力，一个阳光帅气的年轻人。夫妇俩见到他，是在 2009 年 3月 8 日。

实际上，3 月 1 日，这个就读于四川音乐学院的湖北男孩就来到了二坪，并且住进了二坪小学。然而，由于应邀参加省里组织的一个活动，夫妇俩要 8 号才能上山。

看管学校的村民木乃热布劝魏力下山，魏力却说："就是等上一个月，我也要亲眼见到他们。"无奈，木乃热布和村民们只得请他凑合着吃些粗茶淡饭。由于语言不通，交流起来十分困难。魏力每天除了吃饭和睡觉，只能站在村口，期盼着夫妇俩能够提前出现。

3 月 8 日午后，李桂林和陆建芬的身影终于出现在了村口。远远地看见他们，魏力激动地挥动双手，大声喊道："太高兴了，终于见到你们了！"

一番寒暄后，魏力提出要马上下山，赶回学校。夫妇俩想到他在二坪一等就是 7 天，心里很是过意不去，说什么也要留他住上一宿。魏力却粲然一笑，说："等你们 7 天是小事，如果没见到你们，我可能要遗憾一辈子。"

惦记着李桂林和陆建芬的人，并不一定到过二坪。

打开百度引擎，输入"李桂林，陆建芬"，0.018 秒的时间，页面上会出现 44800 条相关信息。

《李桂林加陆建芬等于伟大》《李桂林和陆建芬拷问了我们的良心》……在最虚幻也是最真实的网络世界里，一个个帖子和一篇篇博客文章的后面，跳动着一颗颗被深深的感动紧紧包围的心。

网友"荷心"以嵌名的形式，为夫妇俩献上一首《清平乐》："二坪不小，天下皆知晓。绝壁云梯攀大道，薪火映红花草。一十八载光阴，喜瞧桂木成林。今建山村新景，正需桃李清芬。"

"面对奖杯，他们流出了眼泪。我想这眼泪包含了辛酸，包含了良心，也包含了希望。老师，人之另一父母。这一对老师给我们上了一堂关于良心的课。"网友"爱在枫叶下"留下这样的评价。

网友"行者无疆"则道出了广大网友共同的心声："在 1800 米的悬崖上传播知识，在人们的心里，他们却站在了 8844.43 米的珠穆朗玛山峰上。"

李桂林不会上网，陆建芬也一样。网上关于他们的信息，夫妇俩只是偶尔听朋友们讲起。每当这个时候，激动之余，他们总会生起些许的遗憾——"要是我们也能上网，也会上网，我们就可以把心中的感动与网友分享。"

夫妇俩最想与人分享的感动，来自一位 78 岁的老人。

2007 年 5 月的一天晚上，李桂林刚刚开通不久的手机骤然响起。

"请问你是李老师吗？"电话那头，传来一个嘶哑的声音。

李桂林刚刚应了声，话筒里的人便滔滔不绝起来："娃娃，你是好人啊！我今年 76 岁，旧社会见过，新社会见过，可从来没有见过你们两口子这么好的人。你们做了那么多好事，菩萨也会保佑你们的！"

交谈中，李桂林了解到，老人姓郤，成都人，看了电视中关于夫妇俩的报道后，从游动字幕中得知他的电话，马上拨了过来。

"建芬也还好吧，我要跟她说说话。"一声"建芬"，让李桂林心里一震：老人家是把我们当亲人哪！

话筒重新回到李桂林手中。"告诉我你们的联系地址，我寄点东西过去。"老人有些喘气。

"这怎么行呢，您都几十岁的人了。何况现在，学校的条件越来越好，您就别操心了。"李桂林赶紧说。

老人却铁了心："那你们就用来改善生活，你们每天那么累，生活那么苦，把身体拖垮了怎么办？"

李桂林耐心解释："我们不缺吃，不缺穿，您的心意我们心领了。"

老人仍不让步："那就用来改建天梯，或者修公路。你们老师和学生上上下下，太危险了。"

李桂林还要推辞，老人电话里费力地诉说，却让他不由得收住到了嘴边的话。老人每月仅有 500 元固定收入，平时靠儿孙给点零花钱。省吃俭用几十年，老人家攒了 1 万元"私房钱"。电视中播出李桂林夫妇的故事后，这笔计划用来养老的钱，她决定捐给二坪小学，捐给李桂林夫妇。捐钱的事，她没让家里人知道，甚至在医院住院的老伴也不知道。如果知道了，他们不会同意；而如果这笔钱寄不出去，她说什么也不会答应。

"你们一定要收下，算我求你了。我是泥巴淹到嘴皮的人了，一辈子没求过人，难道你连这样一个老婆婆的话也听不进去吗？"老人突然咳嗽进来。

"好吧，那您寄100元，您的100元，已经相当于很多人的1万元了。"李桂林安慰她说。

"你这娃娃，怎么这么犟！"老人像骂自己的孩子。

"那1000元。超过1000元，打死我们也不会要。"李桂林想，这是底线，绝不能再让步了。

隔着长长的电话线，老太太坚定地说："这钱你要也得寄，不要也得寄。"接着，电话就断了。

第二天，李桂林正在上课，电话响了。打电话的还是邰奶奶："快告诉我你们的联系地址。我有高血压，活到哪天也不一定。如果你们不接受这笔钱，我死也不会安心！"

这样的电话，接下来的几天里，老人打了十多次。迫不得已，老人下了最后通牒："如果你不说，这个电话我就一直打下去。"

含着眼泪，李桂林把邮编和地址告诉了老人。

不久后的一天，李桂林接到了一张署名邰静华、金额1万元、没有留下地址的汇款单。

李桂林再打电话去时，老人却压低了声音："我在哪里不重要，你也不要再给我打电话，不然我家里人知道了不好。"

怎么安排这1万元，让夫妇俩犯了难。虽然家里从来没有过1万元现金，但这笔钱，他们一分也不能用。用来改建天梯，钱又差了一大截。修公路就更不可能了，有关部门测算过，修建从田坪到二坪的公路，需要上千万元。

想来想去，夫妇俩一致商定："先把钱存起来，等条件成熟时再改建天梯。"

钱一分不少地存进了银行，一份浓浓的牵挂却在心底生根发芽："邰奶奶，您在哪里？"

两年之后，这个夫妇俩日思夜想的问题，终于被揭开谜底。

2009年4月23日，成都市金牛区"助学超市"为二坪小学及甘洛县贫困学生组织的捐赠仪式上，受邀前往的李桂林向现场记者讲起这个不为人知的故事。

"我来成都的机会不多，你们能不能帮我见到邰奶奶？"李桂林恳求记者。

电话号码，成了寻找邰奶奶的唯一线索。冒充社区工作人员，活动主办方负责人接通电话，并陪同李桂林找上门去。

出现在眼前的，是一位满头白发的老人。屋里简单而整洁，老人清瘦而憔悴。她的身后，一张木桌上，放着一个嵌着黑白照片的相框。

"是桂林，是桂林！"老人从里屋拿出一张报纸，看看照片，又看看眼前的人，已是老泪纵横。报纸上的超粗黑大字，一行人看得很清楚："李桂林陆建芬坚守天梯18载。"

再也控制不住自己的情绪，李桂林将老人拥在怀里，任脱眶而出的眼泪，无牵无挂地流淌。

"她就是我在成都的亲娘。我来成都的机会不多，请你们代我多多关照。"对着社区工作人员，李桂林深深鞠躬。

附　录

与李桂林、陆建芬对话实录

作　者： 2009 年年初，你们从北京捧回了"感动中国"奖杯，时隔不久，又当选"100 位新中国成立以来感动中国人物"。如何看待这些荣誉？

李桂林： 荣誉越高，越觉得不自在。说实话，我们的工作岗位、工作成绩都很平凡。相比之下，其他当选者做的都是惊天动地的事，我们的贡献却显得微不足道。在二坪教书，不为别的，就为山上的娃娃有书读。我经常跟建芬说，我们做的事，只要天知地知你知我知就可以了，只要良心答应就可以了。获奖以前我们这样想，现在还是这样想，毕竟我们不是冲着荣誉去的二坪，也没想到能出名，能获得这么多的荣誉。所以，我们会保持一颗平常心，用行动证明，李桂林还是李桂林，陆建芬还是陆建芬。

陆建芬： 到北京领奖的时候，和其他获奖者站在一起，我老觉得抬不起头来，脸上像有蚂蚁在爬。回到二坪，站到讲台上，心里才踏实些。今年，二坪有了第一批初中毕业生，虽然只有 8 个人，总算有了突破。而且，他们中有的上了高中，有的在读中专。他们都曾经是我们的学生，也是我们现在最值得骄傲的成绩。

李桂林：村里的会计和2组的村组干部是我们的学生，看到他们学到的知识派上了用场，我们心里比什么都高兴。以前，村里人不懂汉语，连到餐馆吃碗面条都要闹笑话。如今，我们的学生中已经有不少到外地打工。学生们能够走出大山，看到大山以外的世界，并且能有一个立足之地，是我们最大的心愿。

作　者：一个奖杯，使你们成了名人，也使二坪小学得到了社会各界的关心。当四面八方的爱心涌向二坪的时候，这些奉献爱心的人们也一定非常关心，二坪小学、二坪的孩子们是不是得到了应有的帮助？

李桂林：我一直想找机会，向关心二坪小学、关心二坪娃娃的朋友们真诚地说一声谢谢。自从新闻媒体的记者们来到二坪，宣传二坪后，社会各界对二坪小学的关心就一直没有停过。一笔笔捐款，一批批物资，既解决了学生们面临的实际困难，又让山里的彝族娃娃实实在在地感受到了社会主义制度的优越性和中华民族大家庭的温暖。这些年来，社会各界给二坪小学的捐款，连同中央电视台记者常世江争取企业赞助的15万元和邰静华老奶奶捐赠的1万元加在一起，一共169426.20元。那笔15万元的捐款，由县教育局代管，其余的我们全部存在银行，力争将钱用在最需要的时候、最需要的地方。学校接收的捐赠物资很多，包括香港、台湾、全国各地的都有。这些物资中，有篮球架、乒乓球桌，更多的是衣服和学习用品。这些东西很多，多到学生们穿不过来，用不过来。为了避免造成浪费，我们一直实行按时按量发放的办法，并将剩下的装箱保存。前段时间，成都一个企业给学校捐了一大卡车衣物，我们把它转赠给了乡里的其他村小。现在看来，这些学校比二坪小学更需要关心。

陆建芬：中国科协和华硕集团要投资 5 万元，在学校修建"华硕科普图书室"，中国科协主席邓楠还亲自为图书室授牌。现在想想，二坪村的娃娃们真的是太幸福了。我们一定要教育他们记住这些好心人，永远怀着一颗感恩之心。

作　者：出了名，各种应酬一定很多。这和学校的工作有没有矛盾？

李桂林：矛盾当然是有的。首先心里就很矛盾，政府也好、民间也好，本地也好、外地也好，经常有人要我们去做报告、做节目，或者参加一些活动。去吧，肯定要耽误上课时间，对教学工作造成影响；不去吧，又辜负了别人的一片好心，辜负了他们对我们的信任，人家会说你李桂林陆建芬有什么了不起啊，出了点名就摆架子。所以，每当接到这方面的通知或者邀请，我们往往很难作出决定。没有办法，只有放弃休息时间，把不得已参加活动耽误的课程补回来，所以经常是山下的学校在过双休日我们却在上课，山下的学校放假了我们还在补课。能够不参加的活动，或者能够取得别人理解的活动，我们就尽量少去参加，或者不去参加。今年教师节前夕，有几家电视台邀请我们去做节目，县里也几次通知要我们参加表彰大会，可那个时候新校舍还在进行最后的扫尾工作，学校还没有正式开学，我们急得跟热锅上的蚂蚁一样，说什么也不敢离开学校。作为老师，教书育人才是我们的正业，学校才是我们的舞台。

陆建芬：国庆观礼后，我们一点也没有耽搁，10 月 3 日就回到了学校。其实，一个暑假我都待在山上，一天也没有离开。基本上每天都有全国各地的人来二坪看望我们，人家大老远来到这里，如果我们不在，对不住人。同时，学校正在扩建，看管工地和给工人们烧烧开水泡泡茶总得有人。这学期，耽误的课程已经不少了，我们要想办法把落下的课补回来。

作　者：媒体上曾经有一种说法，说二坪是一个被人遗忘的死角。在网上，也有很多网友通过发帖表达对你们的同情。有没有什么要告诉他们？

李桂林：非常感谢朋友们对我们的关心、对农村教育工作的关注。在二坪，要说我们没有感受过孤独，没有感到过寂寞，那是假话。但是从 2005 年 4 月 17 日中纪委下派的县委副书记陈国仕来二坪看望我们后，我们的处境发生了很大的改变。2007 年教师节的时候，杨朝波副州长还亲笔给我们写过信。他在这封盖着大红私章的信中说："我在甘洛生活过 9 年，深知二坪的艰辛。你们在条件十分艰苦、生活十分清苦、待遇十分低下的情况下，仍然坚守诺言、无私奉献，培养了一批批高素质劳动者，为上级学校输送了一批批优质生源，作为分管教育的副州长，深感骄傲和自豪。"杨副州长还说，从我们夫妻俩身上，看到了民族教育的希望，感受到了教育事业的崇高与伟大。州教育局局长焦新康考虑到我们工资很低，送来 4000 元慰问金，作为生活补贴。2009 年 8 月，甘洛县委、县政府和县教育局领导还专程看望了我的父母和岳父母。

陆建芬：有一件事情，一直感到内心有愧。很多朋友给我们写信，但由于事情很多，而且很少有机会下山，多数的信件都没有及时回复。希望你能转达我们的感激之情，我们一定不辜负他们的关心，把工作做得更好。

作　者：你们到二坪已经整整 19 了。19 年里，一定有很多的酸甜苦辣。

陆建芬：空下来的时候，觉得最对不起的是两个儿子。最开始的几年，娃娃要从家里背到学校。路远，又不好走，每次都是鸡叫就把他们从热被窝里拉出来，沿着公路走上五六个小时，筋疲力尽了才开始爬天梯，等到了学校，天已快黑了。很多时候，大人连做饭的力气也没有，孩子们只有跟着受罪。那次李想手摔伤，如果换了城里的娃娃，可能爹妈要心疼死，可我们却没有时间带他下山治疗，以致现在落下老伤，治也不好治。孩子们上了中学，我们管得就更少了。李威读了两次高三，也没有考上理想的大学。上学期期末考试，李想成绩很不理想，我们曾考虑让他留级。其实，两个儿子并不笨，平时也很听话，他们就读的中学对他们也格外关心，要是他们在二坪读书时我们多关心一下，情况可能也不至于这样。"5·12"大地震，汉源是重灾区。灾情发生的时候，出于本能，我们首先想到的是学校的几十个娃娃，等到把他们全部撤离到安全地带，才想起两个儿子。就是在那个时候，我们也没有去看过他们，心里只是想着，我们怎样照顾二坪的娃娃，他们的老师也一定会怎样照顾我们的娃。想起这些，有时候禁不住会问自己，你是不是还配做他们的母亲。不希望他们能够原谅我们绝情，只希望他们长大成人后，能够理解我们、宽容我们。

李桂林：在老人那里，我们也有很多的亏欠。老母亲今年68了，前段时间不慎摔伤，上厕所都需要人伺候，我却一直不在身边。一直拖了近一个月，我才抽空带她去检查治疗，医生却说已经错过了最佳治疗时间。在我们农村，都说养儿防老，在老人最需要的时候，我却不能尽孝。

作　者：想到这些，说实话，后悔过吗？

李桂林：说没后悔过，那是假话。当我和妻儿顶着火辣辣的太阳或冒着瓢泼大雨攀爬在悬崖和天梯上时；当一家三口挤在低矮、黑暗、潮湿、窄小的茅屋里，屋外的雨水不停地从老鼠洞里灌进屋时；当我脚抽筋，一个人在悬崖天梯下守着火堆过夜时；当妻子病在床上无人照料，孩子可怜兮兮地到老乡家里找饭吃时；当夜深人静，野兽在学校周围嚎叫，妻儿守在学校惊恐万分时；当两个儿子盼着我们去开家长会，却一次次大失所望时；当远方的父母病危住院，我们不能及时尽孝时；当看到昔日劝我们离开二坪的亲朋好友成为富翁，我们却一贫如洗，甚至没有一间真正属于自己的住房时，我们都后悔过。然而，当看到那些勤奋、刻苦的孩子，看到乡亲们充满信任的眼睛，看到二坪村正在一天天发生变化，一天天走向文明，那些付出，也就觉得很值很值。我们刚来二坪的时候，全村没有几个人会说汉话，没有几个人知道笔该怎么拿。如今，村里绝大多数的老乡会说汉语，超过三分之一的人能看书写字。原来村里的姑娘牵了线地往外嫁，如今不仅有山下的姑娘嫁进来，还有小伙子上山来安家落户。不仅如此，村里还有了高中生、中专生，想起这些，心里就有说不出的高兴。

陆建芬：比我们付出得多的人还有，却不一定能得到像我们这样的荣誉。我们知足了。

作　者：有没有设想过，关于二坪小学的明天，关于你们的未来？

李桂林：只要爬得动，我们会一直留在二坪小学。但人终究是要老的，我们也会有爬不动的那一天。所以，希望有一天，我的学生能接过我的教鞭，让二坪小学一直办下去，让每一个到了年龄的娃娃都能有书读。之所以希望接班人是我的学生，是因为只有土生土长的二坪人，语言相通，熟悉环境，而且对这里有感情，他才会尽心尽力留在这里，坚持下去。

陆建芬：曾经有大学生志愿者要来支教，被桂林拒绝了。外边来的人不懂彝语，孩子们不懂汉语，书肯定也就教不好。如果是我们的学生，他就可能教出更好的学生来，这样，我们的接力棒就交出去了。

后 记

平凡人 平常心

去过华山，到二坪时，仍然感到前所未有的艰险。

同行者感言，去二坪的人，如果能全身而回，凭的多半是运气。

我承认自己运气不错。虽然差点把小命葬送在天梯之间，在朋友们的帮助下，终是有惊无险。

而最让我感到幸运的，是在走进这个神秘的彝寨之后，结识了两位普通而可爱的彝人朋友。

从走进他们的学校到走进他们的生活，再到走进他们的内心世界，我一直想知道，他们究竟是两个怎样的人，又是怎样的一种力量，让他们成为这样的人。

近朱者赤。了解他们，初衷是为了"赤化"自己。一直想让自己变得坚忍，变得单纯，变得淡定，现实生活中，却有太多迷局，太多考验，太多让人踌躇、动摇直至失去目标的诱惑。从媒体上初识李桂林和陆建芬，我就在想，参透人生的他们，一定能成为一个醒目的路标，为每一个把踏实做事、真诚做人作为价值取向的行者指引前程。于是，在一次又一次的造访之余，在一波又一波的感动之后，便想记录下他们的真实生活和真爱人生，让一支真情闪耀的火炬，照亮更多的人。

将一对有着"大背景"的"小人物"时间漫长空间狭小的人生经历付诸文字，于我而言，不能不说是一个挑战。因为笔力不逮，怕不堪的"手艺"糟蹋了一桌"好菜"，写到中途，几次差点停笔。而之所以最终选择了继续，一个重要原因，就是从李桂林和陆建芬身上学到了四个字：贵在坚持。

如果有足够的篇幅，抑或如果对键盘敲出的文字有足够的底气，读者朋友或许能看到关于李桂林和陆建芬的更多故事，从他们的故事中汲取更多营养。比如李桂林总是喜欢管点闲事，作为省人大代表的他经常让地方官员感到头疼，却凭着古道热肠换来素不相识的列车长一个标准敬礼；比如陆建芬总是那样"小心眼"，到北京录制节目时，天天嚷着要工作人员把豪华大餐换成方便面……

稿子算是写完了，回头去看，人物形象却似乎不够逼真，不够传神。如果要逼真、传神，要酷似生活中的李桂林和陆建芬，那么李桂林应该是一个幽默的人，也是一个自信、健谈、有着很强叛逆精神的人，一个脾气倔起来几头牛也拉不动的不折不扣的"犟人"；而陆建芬，则是一个爱哭的人，一个简单、善良、勤劳、体贴、宽容、真诚的人，一个做得一手好菜，经常也会念叨着"有朝一日能有洗衣机用就巴适了"的普通女人。

不能不说，李桂林和陆建芬是值得尊敬的好人。但这并不意味着，他们就没有自己的个性，没有自己的性情，或者他们的生活中就没有困惑、没有矛盾。在尽可能真实地记录他们感人肺腑的点点滴滴的同时，我还真诚地希望，通过这本书，大家能读到天梯之上、盛名之下，他们作为凡人的内心世界里曾经有过或者正在经历的孤独、彷徨和难以自持。我想还原两个真实的人，两个被每一个崇尚真实的人真实地尊敬着的人。我想，这是读者的愿望，也是作者的责任。

还要说明的是，这部书稿，可能与之前关于李桂林和陆建芬的海量报道"口径"不尽一致。愿意相信，每一家媒体和每一个记者，都抱着实事求是的态度去采访报道，而之所以一些报道内容出现失真的现象，主要是因为山高路险，记者采访的时间有限。和书中的主人翁密切接触近一年，时至今日，我依然为采访的深度不足、广度不够颇感遗憾。

做事要像李桂林，做人要学陆建芬。读李桂林，读陆建芬，读出这样一句心得。是否贴切，是否准确，留给读者评说，留待时间验证。

/**100**位

新中国成立以来感动中国人物 /

丁晓兵　马万水　马永顺　马恒昌　马海德　中国女排五连冠群体

孔祥瑞　孔繁森　文花枝　方永刚　方红霄　毛岸英

王　杰　王　选　王　瑛　王乐义　王有德　王启民

王进喜　王顺友　邓平寿　邓建军　邓稼先　丛　飞

包起帆　史光柱　史来贺　叶　欣　甘远志　申纪兰

白芳礼　任长霞　刘文学　刘英俊　华罗庚　向秀丽

廷·巴特尔　许振超　达吾提·阿西木　邢燕子　吴大观

吴仁宝　吴天祥　吴金印　吴登云　宋鱼水　张　华

张云泉　张秉贵　张海迪　时传祥　李四光　李春燕

李桂林和陆建芬夫妇　李素芝　李梦桃　李登海　杨利伟

杨怀远　杨根思　苏　宁　谷文昌　邰丽华　邱少云

邱光华　邱娥国　陈景润　麦贤得　孟　泰　孟二冬

林　浩　林巧稚　林秀贞　欧阳海　罗映珍　罗健夫

罗盛教　草原英雄小姐妹　赵梦桃　钟南山　唐山十三农民

容国团　徐　虎　秦文贵　袁隆平　钱学森　常香玉

黄继光　彭加木　焦裕禄　蒋筑英　谢延信　韩素云

窦铁成　赖　宁　雷　锋　谭　彦　谭千秋　谭竹青

樊锦诗

图书在版编目（CIP）数据

李桂林、陆建芬夫妇 / 陈果著. -- 长春：
吉林文史出版社，2012.7（2024.5重印）
（100位新中国成立以来感动中国人物）
ISBN 978-7-5472-1150-2

Ⅰ. ①李… Ⅱ. ①陈… Ⅲ. ①李桂林－生平
事迹－青年读物②李桂林－生平事迹－少年读物③陆建芬
－生平事迹－青年读物④陆建芬－生平事迹－少年读物
Ⅳ. ①K825.46-49

中国版本图书馆CIP数据核字(2012)第173430号

李桂林、陆建芬夫妇

LIGUILIN、LUJIANFENFUFU

著/ 陈果

选题策划/ 王尔立　责任编辑/ 王尔立 李洁华 任玉茗

装帧设计/ 韩璘

出版发行/ 吉林文史出版社

地址/ 长春市福祉大路5788号　邮编/ 130118

电话/ 0431-81629363　传真/ 0431-86037589

印刷/ 天津海德伟业印务有限公司

版次/ 2012年8月第1版 2024年5月第5次印刷

开本/ 640mm×920mm　1/16

印张/ 9　字数/ 100千

书号/ ISBN 978-7-5472-1150-2

定价/ 29.80元